U0030663

難以勸誡的勇氣

【推薦序】

拒絕被框架束縛的小子

起初會知道「熊仁謙」這個名字，要從西元二〇〇〇年左右，我遭遇了人生的重大挫折說起。那時候的我不只一無所有，甚至我已經不知道活著的目的是什麼。這段時間我在上海，一面工作，一面逃離原本的世界，中間還經歷了被詐騙、被積欠工資導致身無分文，已經到就快活不下去的地步。那個時候我碰到一位「活佛」，聽了我的遭遇後，他把我帶到鄉下寺廟過日子，那段時間，生活非常樸實且勞累，挑水煮茶、砍柴生火、耕種採集食物，彷佛回到了很原始的時代，但因為與活佛的交流，加上不曾有過的生活型態，我感覺到這輩子從來沒有過的寧靜。

之後我回到台灣，開始會研讀一些藏傳佛教相關的文章與書籍，然後我看到了「羅卓仁謙」所出版，關於藏傳佛教「辯經系列」的書，裡面沒有艱深的佛法名詞，卻能幫助我釐清許多因佛法與台灣民俗混淆所導致的認知錯誤，解除許多疑惑；更有甚者，我認為最特別的地方是，他把佛法落實到生活之中。也因為這系列書籍的關係，我從閱讀書籍，進階到參加熊仁謙的實體課程講座。

我見識過很多的佛教中人，大家都偏向依循傳統的方式，做固定的事情。然而，關於傳遞佛學這件事，我在熊仁謙身上看到的是，他將佛教知識、理念等等，整個佛學系統化之後，再用很科學邏輯的方式輸出，這種做法，是我在其他人身上不曾看過的。

而他能夠打動我，主要是我覺得，那個時候我甚至不知道他幾歲，但他怎麼可以擁有這麼多知識、這麼多的能量跟執行力，能夠做這麼多的事情。你會對這個年輕人的人生與經歷感到好奇，所以我開始在下課後與他聊天。隨著我們聊天次數變多，也更熟悉彼此之後，我發現，台上的他，就像大家傳統印象中的老師，他在台上傳遞知識，眾人在台下忙寫筆記；在我眼中，他就是一個很厲害、把所學重整再系統化傳遞的知識傳播者；但台下的熊仁謙非常有趣，他有搞笑、嘲諷、叛逆跟調皮的一面，這倒是完全符合他的真實年齡。

在閱讀本書之前，我只覺得熊仁謙很聰明、很早熟，對知識非常熱衷、對哲學的統整跟傳遞很有一套。只是我始終不解，檯面上跟檯面下，幾乎快要是雙重人格的他，究竟是怎麼辦到的。在這本書中，我找到了答案，我得以從他的經歷與態度，了解到是什麼樣子的故事，塑造了現在這個樣貌的熊仁謙。

讀完這本書之後，我很震驚並且佩服他的幾個特質：首先，他非常了解他自己，在他非常小的時候，就很清楚知道自己要的是什麼。他讓我印象最為深刻的一件事，是熊仁謙到了尼泊爾學院的時候，學院的人跟他說，他必須要從八年的基礎課程開始學習；可是當時十三歲的熊仁謙果斷地回絕，對著學院高層說「他不要」；他覺得自己已經有一定的基礎，他寧願直接進到比較進階的班級，靠自己的努力彌補不足。你很難想像一個小孩子敢這樣子對抗體制，勇敢地說出：「我就不是這樣子的一個人，你們不可以用這樣的方式教育我。」

從熊仁謙小時候跟他媽媽的抗爭，然後到了海濤法師的嘉義分會時期，再到尼泊爾學院的一切故事，你會震驚，他如何可以超脫地分析、判斷自己的目標，並且堅持追求，這是一般人很難做到的。我們可能都因為被框架侷限久了，覺得這是應該的、這是正常的，但熊仁謙十三歲的時候就能跳脫出來，直到現在仍持續在打破體制與框架。在他身上，我看到了「聰明」、「自信」與「堅持」，這是三個讓我認為他很不得了的特質。

我們也許不會走到宗教的道路上，但是在人生的道路上，你夠不夠了解你自己？現在社會上，不論是哪一個年齡層，常常有很多人是藉由跟隨媒體或網路的風向，認識或評斷一件事情，這其實是非常欠缺思辨能力的行為。書中也提到了，每件事情的立場都該是中性，只是你有沒有分別從正方與反方的角度去判斷事情的對與錯。我認為，這是現在社會中，每個人都該自己練習、掌握的思維訓練，而不是被風向帶著跑。

在這本書裡，你可以從熊仁謙的人生當中，隱隱約約看到自己的生命也曾經歷類似的碰撞痕跡；在那些人生被擺佈的當下、在那些需要做決定的當下，你是否有這樣的判斷、責任與堅持，開闢出一條自己的道路？

最後，我認為每個人都應該詳讀這本書，為了你自己，可能也為了你的孩子。看書的時候，我不時感到欽佩，也想鼓勵大家，要有熊仁謙這樣子的邏輯與能量。但如果是我的孩子呢？如果反過來，我是熊仁謙書中的家長、同儕或是老師呢？你是否有足夠的思辨能力，當你身邊的人擁抱自己的想法時，你能不能支持他，而不是像台灣大多數的長輩會先認為「這個小孩問題怎麼這麼多」？如果各位讀者或是你的孩子有很強的邏輯性，提出的問題也很難用主流的價值加以回應，你會選擇怎麼做呢？我推薦大家一定要看這本書，也許能扭轉一些，已經在你生命中發生過，或是正在發生的事件，這將成為一顆很好的種子，讓思辨與判斷的必要性在眾人心中萌芽、生長。

當初拿到書稿時，出版社跟我說了一件有趣的事，他說每個人看完之後，對書中的總結都不一樣，有些人看到堅持，有些人看到聰明，有些人看到勇敢，也有些人看到闖禍。我想這也是這本書最值得大家品味，並且投射、回放到自己人生的有趣之處。願大家在書中都有良好的獲得，在自己的人生裡，用自己最想要的姿態，活著。

田定豐

（種子音樂創辦人、《豐蔬食》蔬食評鑑暢銷作家）

【自序】

第三種選擇

雖然許多友人都建議我該寫下我的生平故事，但我總覺得在二十五歲的年紀寫自傳，是一件莫名其妙的事情。一來二十五歲根本沒資格寫什麼「傳」；二來我故事中所會提到的許多人仍然健在，因此也會擔心自己是否得罪他們。

然而，隨著年歲漸長，接觸的人愈來愈多，我愈加發現自己跟他人多有不同；細細審思，必然跟我的成長背景、受到的教育，甚至跟我青年時期相處的友人有莫大的關係。許多人對這段過程的結果，也就是我現在的性格，抱持著高度的興趣與懷疑：為什麼你能這麼果斷？為什麼你看起來這麼豁達？為什麼你能做下困難的決定？諸如此類的提問不勝枚舉。

當然，任何的性格都會有其優點與缺點，然而，站在一個希望對世界有些許貢獻的學人的角度來看，我慢慢開始反思：「我的生命故事，是不是能夠給一些人些許幫助與啓發呢？」這也是動筆寫下此書的動機。

這本書中，記錄了我從小到大（迄今二十五歲）生活中，九個重要的場景或過程，以及在這九個場景中，我得到的啟發：有些是一種體悟，有些是一種選擇基準等等。我有一個一般人較難經驗到的生命歷程：我幼年出家，十八歲還俗，但仍然投入並熱衷於佛學研究工作，同時有很多斜槓的興趣：Youtuber、作家、教團領導人、譯者、教育工作者等等。

在每一個章節中，我嘗試舉出大部分人在面對該場景時，所可能懷有的徬徨與不確定，再就我所做的選擇，或我面臨到的狀況，從我的視角去分析其利弊與影響，以期能達使讀者「反思」之效。

我一直深信，一個人做的選擇，塑造了他這個「人」的樣子；當然，我們往往會以為自己做的選擇是來自「自由意志」，卻忽略這個意志背後，必然帶有很多我們的主觀經驗與反饋，以致每個判斷都會有一些過去經驗的影子在其中。這也是為什麼，我覺得這本書或許能夠對讀者有些許助益：畢竟，我在一個截然不同的環境中長大，養成與大多數人不同的價值觀與判斷準則，背後也都有其完整的原因；或許，閱讀此書，能夠使你從「他者」的視角，一瞥在面對類似的生命抉擇與關頭時，你可以有的「第三種選擇」。

熊仁謙

目錄

第三部　合

第一部 破

第一章

我們無法選擇出生，但能選擇要怎麼活

我出生在背景純正的佛教家庭，
但我的佛法之路要怎麼走，
不需要由我的出身來決定……

在我出生之前，我生命的主軸就已經跟佛法有關。

一九九四年，我出生在一個篤信佛教的家庭。我的母親是台灣人，小時候在台灣長大，後來去了日本讀書，在那裡遇見我的父親。我父親是香港人，在日本工作，後來兩人在香港結了婚，在九七前夕回到台灣，把我生了下來。

對於這些過程，我的認知是很片段的，但是我有個大致的認識——我從小就被灌輸：我的生活、我的成長背景都跟佛法有很深的淵源。

舉例來說，我奶奶在我出生前一、兩年就出了家，成為女眾的出家人。她今年已經八十五歲，身體仍然非常健康。

我媽媽更是一位虔誠的佛教徒。她出生在一般民俗信仰的世家，但在二十五、六歲時，她的父親生了一場重病，於是我媽媽便發願要吃素。後來外公的身體康復，她便成了終身的素食主義者。

而我爸爸受了我奶奶的影響，也信了佛，據說他與我媽媽相遇的時候，她看到他身上戴了一個佛像的項鍊，才跟他互相認識、有更多互動，並且進一步交往。

總而言之，早在我出生之前，我的人生就深受佛法的影響。

而佛法是怎麼看待「出生」的呢？

我們無法選擇出生，但能選擇要怎麼活。

生是一切痛苦的開端

以佛法角度觀看，出生這件事情是痛苦的。

記得以前讀書時，有一個學長在為我們複講時說：「你看，初生的新生兒，他做的第一件事情是什麼呢？是大哭。可見生命是多麼的痛苦，連孩子都知道要哭。」當然這是一個詭辯，但的確，從佛法價值觀來看，生是一切痛苦的開端。

根據現代的佛教研究，我們知道，釋迦牟尼佛當初出家的主要原因，是來自於他在離開家門時，看到了老、病、死，以及出家人等四種形象。然後他知道，出家人的最終目的是在追求超越「老」和「死」。這也是他之所以離開家庭的原因。

從釋迦牟尼佛離開家庭，到他後來覺悟的過程，正統佛法的歷史對他的心理狀態討論得極少，可是我覺得這是非常重要的一個關鍵。

首先，他追求的是不要「老」跟「死」，但他為什麼後來覺悟了呢？講白了，他應該一開始是像佛地魔（《哈利波特》中的巫師）一樣，想要追求一個可以讓他靈魂不滅的方式，要不是透過分靈體把他的靈魂保存起來，就是找到尼樂．勒梅（《哈利波特》中，一位能夠製造魔法石、長生不老的人），跟他要一顆不死的藥。所以他第一個追求的應該是「不死」，對吧？

但如果我們退一步回到當時的印度文化來看，你會發現，在那時候他所接觸的這些印度宗教家們，並不重視「不死」這個論點。當時印度大陸上主要流行的有兩個思想：一個是婆羅門主義，一個是沙門主義。婆羅門主義繼承的是從吠陀這一系列文獻裡面所流傳下來的觀點，沙門主義則是對抗婆羅門主義的一系思想。

在婆羅門主義中，當時還沒有明確形成像現在我們所認識的，佛法的這種轉世投胎的觀念。那時候形成的觀念，大致上跟所有的民俗信仰基本觀念是一樣的，我稱之為「生死一條線」。

在這樣的世界觀裡面，生命是縱向的，是線性的。我們出生，然後我們死去，死去之後，我們就會面臨審判，要嘛是快樂的結局，要嘛是痛苦的結局。這樣的論點在埃及諸神的神話故事，或者基督宗教的文化中也看得到。當時婆羅門思想比較傾向於這樣的主張。

而沙門主義又是怎麼看的呢？沙門主義的看法基本上非常多元，因為所謂的沙門，就是指反婆羅門者。

沙門是一種生活型態。所謂的「沙門」，原本的意思是乞食，顧名思義，這一群人並不像婆羅門一樣，是既得利益的貴族階級或上層階級，他們是以乞食度日的一群思想家。

從佛法價值觀來看，生是一切痛苦的開端。

沙門主義中，看待生跟死的態度無奇不有。有完全否定靈魂、轉世、生死，也就是否定任何獨立精神存在的思想家，我們稱之為順世派；有的則是認為，人有一個完美的靈魂，只是暫時被我們的肉體所禁錮，這是耆那教的思想；也有什麼都不肯定的懷疑論者。但無論如何，它們沒有任何一系提出所謂的「不死」這個技術。當然，不死這件事情聽起來其實很ㄎㄧㄤ，經過人類長久以來的觀察，我們每個人都知道，不死是不可能的。

所以佛陀離開家裡，他到底是為了追求什麼呢？

生死是流轉的

一開始，他當然是因為恐懼老、病、死，而離開家裡，然後去追求修行之道。根據記載，他在外道的大師座下學習了禪修，觀察力與神通有了極為強大的提升，讓他可以觀察到不只現在，乃至於未來跟過去。在正統佛法歷史上，接下來這段是空白期，談的大多是他進入六年苦行，卻發現苦行是無效的，所以他走向中道，也就是比較適當的修行之道，最後解脫了。

但我覺得這裡邊有些東西缺失了。

如果依照史料來看，我們會發現，佛陀有一個很重要的體悟，有別於他之前所有人的體悟，他發現到：**生死不是一條線，生死是流轉的**。也就是生之後不是來到無限永恆的死。我曾經看過一個脫口秀演員說過一段話，他在調侃基督宗教的生死觀，他說：「依照基督宗教的生死觀來看的話，生只不過是一個短暫的前戲而已，而且是一場很糟的性愛才會發生的前戲。」接下來就進入無限的死亡，因為生很短，可能生只有幾十年，但是死亡是無限的。

傳統想像中的生死，是這樣的一個觀點，可是佛陀透過禪修觀察到一個很重要的扭轉性觀點，也就是生死是流轉的。而這個生死的流轉過程是一再一再地循環，生然後死，然後生，然後死，然後生，然後死。所以他得出一個非常重要的結論：為了避免老、病、死，必須避免生。唯有不生，方得不再死。

當然，這輩子他是沒戲了，因為他已經生而為人，他最終還是會以釋迦牟尼，或者說以瞿曇悉達多的名字死去。但是，他期待的是，之後再也不要生。唯有不生，方能不死。這可以說是佛法的一個立論根本。所以出生這件事，的確好像沒那麼正面。從佛法的基本教義派角度來看的話，出生不是件好事。

當然，你在讀我的書，你一定是一個已出生的人，你已經活在這個世界了，所以我跟你說出生不是一件好事，好像不太對勁。

不過，就我自己來說，我認為出生是一件很有趣的事情。我天生就很怕無聊，喜歡做一些具有衝擊性跟挑戰性的事情。因此我覺得，在苦痛中超越自己的極限、挑戰自己，是很有趣的。如果我可以自己選擇，我想我一定會選擇出生。

我是佛教圈的「富二代」

我從小就常常被人家懷疑是轉世，我自己也猜想過這個問題。

如前所述，佛法並不認為出生是一件好事，而且，佛法認為所有人都會轉世，不轉世是一個天賦、一種祝福。你如果有辦法死去之後不再轉世，那基本上不需要修行，佛法的一切修行，都是以「讓你下輩子不要再轉世」為開端。可是，不是每個人都有辦法追求不轉世，或者不是每個人都有辦法做到不轉世。

特別是有一群人，雖然他們技術上可以不轉世，可是因為他追求的是遠大的目標，他希望能夠跟更多人結緣。用白話來說，他是一個社交狂，他們希望可以在一次又一次的轉世過程中認識更多人，與更多人結下關係，透過他們的思想影響愈多人愈好，而在未來創造一個像烏托邦的世界；或者能夠在未來再次作為老師，宣說他的思想，用佛教術語來看，就是成佛說法。因此他們願意一再一再地轉世，一再

佛陀透過禪修觀察到一個很重要的扭轉性觀點，
也就是生死是流轉的。

一再地來。

這群人在佛法的語言裡面稱之為菩薩。菩薩的意思，在梵文叫作 bodhisattva，bodhi 是覺悟，sattva 是有情，或者說勇者。追求覺悟的勇者，具體來說，就是「追求成佛的勇者」。什麼是佛？佛就是說法者。追求自己可以在未來說法，這樣的勇者我們稱之為菩薩；或者更明確地說，願意一再一再轉世的勇者，我們稱為菩薩。像剛剛所說的，他們需要透過一再轉世的機會，認識更多的人，結下更多的因緣等等，這在佛法中，我們稱之為大乘佛法的思想。

相較於單單認為轉世是痛苦的根源，大乘的菩薩們樂於追求轉世。而這套制度到了藏傳佛教之後，被發展成「轉世制度」。也就是說，這個菩薩不但會轉世，而且他會告訴你下一個轉世是誰，讓這個轉世被找出來的過程，可以省下很多時間。

一般來說，我們在文獻上都會看到，偉大的轉世、偉大的活佛出現時，都會天有異象。舉例來說，我後來在印度讀書時的許多同學，或是學長、前輩、老師等等，他們都是著名的重要轉世者，所以在出生的時候，根據他們家鄉地區的記載和說法，都發生了一些奇特的現象，比如說天空出現圓形的彩虹、大家莫名其妙聽到海螺的聲音，這些都算是出生的異象。

這件事很有趣，所以關於我的出生，我後來也問我媽媽，「我出生的時候有沒有什麼特別的異象？」

她告訴我：「你出生的時候，外面一直在下大雨，而且天氣很潮濕，是一個很討厭的天氣。」

所以，這可能是我出生過程中，唯一一個跟佛法沒有什麼連結的事情吧！

我出生在台北，出生的經過我當然不知道。可是像我前面講的，我媽媽整個孕期都在吃素，所以我還在媽媽肚子裡就吃素，出生之後也沒有接觸過葷食，這種吃素的生活模式叫作「胎裡素」，也就是說，我這輩子是完全沒有吃過肉的。

胎裡素在佛教圈中被認為是一種非常清淨、非常神聖的生活方式。當然，素食的生活習慣有分很多類，我小時候是屬於吃得非常清淡、純淨的那一類。再者，我媽媽告訴我，她當初之所以會生下我，是因為在一九九〇年代的時候，台灣中部有一座非常有名的漢傳佛教寺院，叫作靈巖山寺，當時很積極地在教育跟招收小和尚，專有名詞稱為小沙彌。她是因為靈巖山寺在招收沙彌，希望貢獻一個孩子到寺裡去做小和尚，為佛教有一些貢獻，所以才生下我的。

在歷史上也有過類似的事情。傳說在西元四、五世紀的時候，印度有一位女子，她希望對佛法有所貢獻，可是因為她自己的環境背景，還有她自己的能力，特

先天優勢就像一把雙面刃。

別是當時的文化對於女性的種種拘束，導致她未能有機會為佛法做些什麼，因此她就祈願可以生下孩子來為佛教貢獻。後來她生下兩個兒子，並且送去出家，成為佛教歷史上非常有名的兩位大師，一位叫無著，一位叫世親。

我出生之後，看起來也跟其他人不太一樣。以長相來說，我的頭型長得很像南極仙翁，頭頂那一塊骨頭是明顯突起的。我自小接受到的傳統文化教育告訴我們，這種相是有大才者的聖人之相。以孔子為例，他單名丘，之所以叫孔丘，是因為頭上凸了一塊起來。我小時候的頭型就是如此，非常明顯。

此外，如果以農民曆去排我的生辰八字，會得出「僧道門中富貴之命」的結論。

關於我小時候的這些故事，當然都是我家人告訴我的。我甚至還有過這種事情：在我出生三個月後，將近農曆春節時，我到親戚的家裡，當時親戚家裡剛好在播放佛經。那時我還是一個三個月大的嬰兒，就自己坐在那裡，跟著佛經的節奏搖頭晃腦，口中念念有詞。

總之，我從小有很多這類故事。從這些方面就可以看得出來，不論是在先天或後天、有意或無意，我的家庭背景就是環繞、凝聚著一股強烈的佛法氛圍。

不需付出代價的人生，又有什麼樂趣可言？

先天，是優勢還是束縛？

先天就存在於某種氛圍之中這件事，很多時候是我們每個人都擁有，而且不能逃避的。假設你生在名門世家，可能你小時候面對到的人、家人對你的期待、家中為你打造的生活、家中提供給你的資源，就是希望你可以在這個圈子裡面，好好扮演自己該扮演的角色。但有趣的是，很多時候，我們對於自己成長故事的認知，會影響我們一輩子，而我們後來的整個生命，幾乎就是在跟小時候的故事對抗，想要超越它或是擺脫它。

我在傳統佛教圈工作的那段日子裡，這些我小時候聽說的故事、我小時候的人生經驗，對我來說都像是一種加分，甚至是讓我感到開心、驕傲的事情，可是那是因為我沒有看到它背後的拘束——當我進入到一般日常生活中，這就變成一個巨大的枷鎖。

想像一下，如果要跟一般人介紹我的童年，人家的童年都是非常簡單而正常的，但是我的童年卻是如此與眾不同、我的出生跟經驗都是這麼奇怪，所以很難開口向人介紹我的人生經驗和背景。

這也在我的生命中造成一個很重要的影響跟困擾。一方面我覺得這些是好的徵兆，如果我不覺得它好，我就不會去問我的父母，我就不會想知道發生過什麼事、不會那麼好奇。或許嚴格來說，想要知道這些事情，對我而言，是想要找回自己「本來」在哪裡。就好像每個人出生之後，有些人會想要找回自己本來是誰一樣。

但其中令人掙扎的點在於，這些事情真的能夠證明我本來是誰嗎？其實是不一定的。

找回自己先天所擁有的背景、先天所擅長的東西，很多時候反而變成一種壓力跟束縛。當我十七、八歲時，也就是在僧團中生活的末期，即將還俗之前，我就一直想到有關於「僧道門中富貴之命」這件事；我也一直想到關於我出生的種種故事，內心不斷有一些聲音在告訴我：「會不會出家才是我的天命？我就是要做這些事情，而不該選擇我自己現在想做的那些？」

先天的故事就像一把雙面刃。就某方面來說，我們的出身、我們的背景，能支持我們在相關的領域中有先天性的優勢。可是，以我很多富裕的朋友或模特兒朋友為例，他們都面臨到的問題是：一方面他們覺得自己有錢、有很多資源，可是從另一方面來說，他們不知道別人來跟他接觸、與他互動，是不是因為他的錢？

就好像一方面我知道自己的背景很純正，我在佛教圈會有很好的發展，能夠獨樹一格，看起來就像是一個被揀選的孩子；可是另一方面，這些背景與發展成了我的助力，同時也變成我的阻力，抹滅我做的許多努力、削減我自己作為一個獨立人格所需要付出的代價。

人最在意的都是自己的努力有沒有被看到、付出有沒有得到應有的回報。就像剛剛所說的，有些人會擔心別人只看到他的錢，沒看到他其他的努力。同樣的，當我挾著成長優勢，而擁有相對的一些話語權或是利益時，這個優勢同時也成為我的一種負擔。

一來，我自己的努力很容易被忽視，就像有些藝人會因為自己是某某人的孩子，所謂的星二代，然後一輩子就在這個名字的陰影覆蓋之下。類似這樣的感覺，也就是我們的努力不會被看到。

二來，當你要擺脫這些東西的時候，卻在很多時候不免發現，這些先天的利基是多麼好用，為我帶來多大的幫助，我怎麼擺脫得了它？一方面內心想要擺脫，可是一方面又覺得，只要把這個名頭拿來用、只要把這個背景搬出來，我就可以踏上快速通關的捷徑了。

我想，這是很多人在成長過程，或者在培養一個獨立人格的時候，最常面對的問題，而這也是我遇到的掙扎。

如果要放棄先天環境所給予的紅利，就必須離開自己的舒適圈，付出一定的代

生命價值來自後天的選擇。

價，所以有些人會停頓在這裡，躊躇不前，寧願不做任何選擇，畢竟順流而下是相對容易一些的。然而，就像我前面說過的，我的性格向來都很獨立、喜歡挑戰自己，也不準備放棄為自己生命負責的選擇權，所以就算我的出身帶給我許多好處，最後我還是選擇走自己的路。

這樣的選擇必然要付出代價，但不需支付代價的人生，又有什麼樂趣可言呢？

生來是什麼樣子，就決定了我的一生嗎？

佛法常常被大部分人認為是宿命論。什麼叫宿命論呢？就是認為你這輩子都是受業力決定的。何謂業力？就是你過去的行為。

我們一般想像中的宿命都是這樣的：比如說我今天殺死一隻蟑螂，這個業力就會讓我以後被這隻蟑螂變成的人殺死。當然這是一個比較驚悚版的宿命論。一般的宿命論，這種善惡業像是做交易，你今天做了一件好事，老天就給你記一筆，然後給你一個獎勵。

我們現在對於業因果報、對於善惡的看法，極端地淪陷在要嘛就是宿命論，要嘛就是交易論的思想之上。為什麼我說宿命論跟交易論是兩種極端？因為相信宿命論的人，他會非常消極，而且非常恐懼這一套因果倫理；而相信交易論的人，其實內心是輕視業因果報論點的，他只是把這一套視為他得利的方式、獲取好處的辦法，只要這種交易有一天失常，他就不相信了。

舉個例子來說，我有一些朋友很喜歡鼓吹別人透過一些民俗的方式補財庫，我也知道很多必須賺快錢的人，都很喜歡跟我這個朋友做一些補財庫方面的交易，他一天到晚把「幫誰補了財庫之後，那個人就收到了多少訂單、一天就收到多少錢」等等的案例掛在嘴邊大肆宣揚。

可是我看到很多案例，是有效的時候就會加碼，但是無效的時候呢？當你是用一種交易的方式來看待所謂的善惡業報時，其實你內心是不相信這套的。當它對你有利的時候，你就相信；對你無利的時候，你就置之不理。這就是為什麼，我認為交易論跟宿命論是兩種極端。

佛法到底是怎麼看業因果報的？以正統來看，佛法認為人的一切行為，當他是以煩惱或強烈的情緒作為動機時，他就埋下了一顆種子，而這顆種子會在我們轉世的過程中扮演很重要的角色。

例如，當我要死去的時候，佛法認為影響我們轉世的有三股力量，最主要是我死前那一刻的求生意志，以及當下的情緒，這兩股力量會在我這輩子、上輩子、前前輩子、我無量無始以來所做過的所有行為中，調動跟它比較相關的業力。而這一組業力會結成一個新的果，這個果就是我的轉世。

聽起來很複雜對不對？用一句白話來說，業力決定的是先天性的東西，決定你先天得到的狀況是什麼，但是你後天的一切並不全是受業力決定的。如果再更具體來看，只有「卵巢樂透」是受業力決定的。

我跟某個人一樣生而為人，代表我們過去世在死前一定都有求生欲，所以我們才會轉世。我們同樣生而為人，代表我們在死前也有類似的煩惱。但為什麼他可以中卵巢樂透，成為某個大財主家的孩子，但我只是一個平民之子，甚至是在一個辛苦的環境中成長呢？以佛法來看，這個就是業力產生影響的部分，業力影響的是先天的。

但難道我這輩子就完全受這個業力影響嗎？不。我們都知道，先天的東西可以改變，先天的兔唇可以透過後天的手術來校正，先天的貧窮可以透過後天的努力來改善。

而這一點，就是我想要討論的關鍵價值：「選擇」。

要活成怎樣的人，不是先天可以決定，
而是來自於後天的選擇。

生命價值來自後天的選擇

現今社會流傳著兩種價值，一種叫努力出頭天，就是你只要努力，就能夠改變你的生命。這種價值在差不多六、七〇年代，甚至更早期的台灣，可能很流行；另外一種價值叫作「卵巢樂透」，例如很多金融研究機構會告訴我們，一個人成不成功，跟他的先天環境有很大的關係，他後天努力的影響比較小。這兩種價值觀正在強力地碰撞著我們：先天跟後天，到底哪一種對人的影響比較深？

當然，從財富累積來看的話，我相信卵巢樂透占有絕對的優勢。因為當你出生在財主富人之家，你擁有的優勢不只是錢，還有你的價值觀、你得到的教育、你的人脈、你做人處事的方式，這點點滴滴的東西都是你的資產。這些東西是先天的嗎？也不是，它是透過先天以及後天慢慢累積起來的。

可是對於一個出生在一般環境的人，他原本就沒有這樣的技巧、沒有這樣的溝通方式、沒有這樣的應對知識與能力去處理相對應的問題，他可能根本不知道，如何透過資本與資本之間的交換跟撬動，得到更高的利益。

從先天上來看，特別是從金錢與財富上來看，我認為卵巢樂透的確占有很重要的影響。可是生命中有很多比金錢更重要的事情，而這不是幹話，這是實話。我從宗教圈出來，我看過大量在世俗生活中被定義為成功、被定義為開心的人，因為他們的生命找不到意義，因為他們的生命找不到目的，而在宗教圈中希望得到更多的意義。

所以從一個成功的「人」來看（而不是從一個成功的賺錢機器，或是一個享受成功的機器來看），我的經驗告訴我，先天跟後天是各占一半的。

以我自己的例子來說，如果依照先天的背景選擇，我的生命方向是非常明確的，我就應該要依照我天生適合出家的這種性命價值去走。例如我是胎裡素，我出生的時候又是所謂身有異相，乃至於我的命格等等，我應該要一輩子做一個出家人，這對我來說是最好的發展，對吧？我應該要在這個圈子裡面持續精進，掌握我的優勢。

我常常跟朋友開玩笑，如果在出家圈來看的話，我只要維持出家身分，我就是根正苗紅的出家人，因為我的背景很好，然後我的命格適合，乃至於後天這些條件也都很好，所以我應該要終身出家才對。

但是我自己很清楚，「先天」這樣的東西，往往不是讓我得到快樂的東西。我要活成一個怎樣的人，不是先天可以決定的，而是來自於我後天的選擇，沒有什麼比後天的選擇更重要。先天的東西讓我們站在一個不錯的立足點，但是當我們回到生命本身，你會發現，自己的生命是沒有辦法跟別人的生命比較的。

比如說，我沒有辦法拿我的生命，去跟一個賺錢賺很多的人相比；我也沒有辦法拿我的生命，去跟一個星二代相比。因為每個人的生命都是獨特而自由的，所以要如何在自己的生命中活出最美麗的樣子？這件事情完全可以靠自我來做決定。

因此，雖然在很多客觀的物質判斷上面，我們好像可以認定，某某人就是先天優良，所以他得到了好處，我們後天再怎麼努力都追趕不上。當然，如果要以齊頭式的方式來判斷生命，你可以這麼說。但是齊頭式判斷是判斷物質的方式，而不是判斷人類的方式。每一個人都是獨立而自由的個體，我們怎麼有辦法判斷誰跟誰比，然後那個人比較好，這個人比較糟呢？我們並沒有辦法做出這樣的判斷。只有當我們放棄了自我價值的時候，才會做出這樣的判斷。

所以**我一直認為，一個人的成功，一個人活出了自我，一個人的快樂，不是來自於他先天擁有什麼，而是他的後天選擇了什麼**。而「做選擇」正是佛法告訴我們很重要的第一個價值取捨。

「做選擇」正是佛法告訴我們很重要的第一個價值取捨。

第二章

超齡而脫序的童年

接受嚴厲的教育，讓我成為與其他同儕格格不入的孩子，
但若我只把它視為一種創傷，
那就忽略了我從其中收獲的養分……

我出生在一個學習佛法的家庭，是在純佛教生活圈長大的小孩。首先，我小時候沒有什麼朋友，因為我不知道怎麼跟一般人相處；再者，我家裡也覺得這樣的相處不見得有意義，因此我童年的大部分時間，都投入在傳統文化的學習。

超齡的教育

我小時候很流行讀經，也就是讀傳統的中國經典。在我印象中，大概從三歲開始，我幾乎每天都要背誦經典。從四書、五經，到淨土經典等等，包括中國傳統道德勸說型的典籍，乃至於《古文觀止》這種提升古文能力的國學，甚至是莎士比亞的十四行詩，還有佛教各式各樣的經典。

印象中，我每天大概必須花三小時的時間閱讀，都是在早上六、七點。至少在我印象中，我醒過來的時候天都還沒有亮，我就得跟媽媽坐在一張桌子前面，她坐在我的左邊，我坐在右邊，然後我就開始背誦經典。這個畫面，一直深深烙印在我腦海中。

當時我還是個孩子，讀著讀著有可能就會睡著，背著背著可能就會忘記。所以我小時候受到非常嚴厲的對待，嚴厲到什麼地步呢？我記得我只要讀不好，或者只

佛法追求的是沒有被主觀玷汙的智慧。

要背誦過程出了錯，我媽媽就會甩我一巴掌，或者從後面打我的頭，導致後來我只要覺得大事不妙，第一個反應動作就是先跑。因此後來衍生出一個很有趣的場景，就是：我坐在那兒念念念，然後發現我念錯字了，當下不管對或錯，立刻先往右邊跑。還好我媽媽並不是一個反應很快的人，所以很多時候都是她還沒有意識到，我就跑掉了，類似這樣的事情層出不窮。

雖然現在講起來好像很好玩，可是你應該可以想像，那時候我只是一個小孩，所以這並不是什麼愉快的時光，甚至可以說是有點痛苦的過程。

除了背誦經典之外，我小時候的娛樂也跟一般人不太一樣。我小時候看的卡通主要都是跟佛教有關的，比如說一休和尚。甚至我六歲時畫的自畫像，就是一個老和尚，因為我當時認為自己將來一定會出家。

就這樣，我在一半被設計好，一半又像是自願的環境中，奠定了自己對出家的認識跟嚮往。

另外，我小時候最常跟家人參加的，是一種叫「朝山」的戶外活動，傳統的佛教團體經常舉辦這類活動。大家會相約在週末，很早很早就集合在某座道場的山下，然後走三步、磕一個頭、走三步、磕一個頭。有時候從山腳開始，有時候從半山腰開始，一路往山頂拜上去，三步一拜的時候，同時會念誦一些文字。最後到了山上，大概會是早上九點，這樣就完成了一次朝山儀式，之後大家會去拜佛、祈願之類的。

但因為我住在台北，而這些道場通常都位於苗栗、南投，所以當時才四、五歲的我，可能清晨四、五點就要去定點搭遊覽車，花費兩、三個小時的車程才抵達朝山的集合地點。等到一整天忙完，再搭遊覽車回台北，到家的時間通常是傍晚五、六點。

以一個小孩來說，我看的卡通是一休和尚，週末娛樂是朝山，一起床就要進行古文的背誦。所以當我必須進入小學的時候，真的很不習慣。

在進入小學以前，我讀過半年大班，也學了一段時間的圍棋，在那個時期，我發現自己很需要與人對話，所以變得異常聒噪，常常一直說個不停。這讓我的父母很困擾，尤其是我媽媽，因為學校的老師就會告訴她：「妳孩子很多話。」一聽到這句話，我就知道回家肯定沒有好果子吃。

所以，我小時候是在一個嚴厲的環境中長大的，而這導致我在學校適應不良，因為學校教的東西，對那時候的我來說實在太幼稚了。

小學一年級時，我在家就已經在讀〈五柳先生傳〉、〈雜說四〉、〈陋室銘〉，這些在台灣可能是國中或高中生才讀的東西，我當時就已經背得滾瓜爛熟了。乃至於《大學》跟《中庸》這些經典的內容，我也是如數家珍。

英文更不用說，因為我爸爸是香港人，我媽媽又是英文系畢業的，所以我也接受莎士比亞十四行詩這種古典英文的訓練，小學一、二年級就開始讀英文小說。自小的家庭教育，讓我在學校基本上可以說是橫著走，沒有什麼課業上的壓力。

當然，我從來不覺得自己很聰明，還一直以為這些都很正常，直到後來才發現原來我不正常，別人才是正常的。

可能因為受過太多超齡的教育，所以我在學校出現了各種異常的表現。比如說，我看起來是個乖乖牌，但是上大班的第一天，就把班上一個身材魁梧、類似胖虎的同學架在牆上揍。乃至於後來上小學的時候，我開始搞幫派，在班上把自己喜歡的同學聚集在一起、幫他們分隊，搞得像堂口一樣。

那段日子對我來說，可以說是既快樂又痛苦。因為在學校上課的時候很有趣，有很多朋友，班上有很多人；可是我在學校太調皮了，所以老師每天都會跟我媽告狀，我媽媽幾乎沒有一次是在校門口接我，而是必須去教室裡面跟老師道歉，然後把我拎回家。

不要讓情緒變成「毒」。

脫序的資優生

回想起來，我小時候幹過一件特別可怕的事，現在想想還是覺得毛骨悚然。因為熟讀《七俠五義》這類著作，所以我自小就非常迷戀武俠人物，連帶的就很想買十元商店賣的塑膠寶劍。但是小時候家裡管得嚴，不給零用錢，媽媽又不會讓我買這種無意義的玩具，最後我竟然想出一個方法。當然現在已經不記得當初為什麼會有這樣的念頭，也無法理解自己怎麼會做出這種事情，只是到現在還是覺得很可怕，某方面又覺得自己挺天才的。

那時候班上有一位女同學，她家裡會給她零用錢，所以我就威脅她，「妳必須買這把劍給我。」她當然拒絕了，於是我就開始恐嚇她，我說：「如果妳不做這件事情，我就會把妳媽媽殺了。」但那時候我根本不知道什麼叫作「殺」，只是因為讀了《七俠五義》這類小說，就覺得殺人是一件很酷的事，所以我就跟她說：「我會把妳媽媽殺了。」

我那時候已經大概可以了解他人心裡會有什麼想法，知道人都會疑心生暗鬼，所以她來上學時，我就問她：「今天是不是妳媽媽騎機車載妳來的？」

她說：「是。」

我就說：「妳有沒有看到妳來的時候，校門那裡有個男生特別盯著妳看？」其實根本沒有這回事，但只要講得繪聲繪影，對方就會心生疑竇，所以我刻意把事情講得很逼真，然後說：「他就是要來殺害妳的。」「他就是來要妳的命的。」「他是我派去的。」

這件事情後來東窗事發，我也受到老師很嚴厲的譴責。

這是在我小學二年級時發生的事，即使到現在，都還是讓我難以忘懷，因為我當時的作為其實是一件很恐怖的事。

老實說，讀到這裡，你應該會覺得：這個孩子將來可能會變成連續殺人犯，或者是反社會人格者吧！但故事還沒完，除了恐嚇之外，我小時候還很愛打架……

我在學校非常好動，但身體狀況又比較差，動不動就生病，因此被送去學武術，包括新武術跟傳統武術。後來身形練得還不錯，也在比賽中拿過幾次獎，導致我在學校動不動就喜歡用武力解決問題。只要某個男生讓我不高興，我就會揍他；只要某個人做了讓我不順眼的事，我就用拳頭給他好看。小時候覺得自己是在行俠仗義，覺得自己很帥，覺得自己簡直是《七俠五義》裡面的展昭。

直到有一次，我跟一個同學在打鬧，我覺得是在玩，可是他卻受傷的時候，我才發現這種行為可能會造成嚴重的後果。

印象中，他是班上特別皮的一位男同學，我對他使出了一記過肩摔，結果他的尾椎著地，之後就趴在那裡，再也沒有起來。當然後來他沒事，醫生檢查後，說他並沒有受到傷害，可是他的家長來學校時，我真的是嚇壞了。從那之後，我就告訴自己，不能再輕易做這樣的事情。

總之，我在學校的時候是資優生，考試名列前茅、參加比賽奪冠的經驗對我來說再稀鬆平常不過。但我的行為又常常脫軌，所以讓老師又愛又恨。

壓力需要宣洩

客觀而論，我常常在想，如果看這樣子的一段生命、這樣的小孩長大，基本上不是大好就是大壞。沒錯，我小時候的確常常被人家這麼說。那些號稱會算命的人都告訴我媽媽，這個孩子以後要嘛就是大好，要嘛就是大壞。

我們知道，很多大好的人，小時候都很怪；我們也知道，很多大壞的人，從小時候就很壞。但我想說的並不是大好或大壞的問題，而是這些行為背後的成因，主要應該是壓力問題，因為一般的孩子不會這麼做。那我為什麼會這麼做？除了本人天生比較皮之外，我覺得還有一個很重要的原因，可能是跟當時受到的壓力有關。

智慧是一種不被主觀束縛的態度，
而不是踏遍千山萬水後的體悟。

我所承受的壓力不是一般孩子所會碰到的。比如說，我小時候幾乎不被允許看卡通，可能一個星期只有一天能看；我也不太被允許玩電動玩具，可能一週只能玩一次，而且限時半小時。所以我常常偷玩，之後就是被抓到，然後被修理。

當然我知道，我之所以會有這些壓力，也是來自於我父母他們面對到的壓力，比如生活上的壓力、經濟上的壓力、他們兩人相處之間的壓力等等。這些壓力有部分轉嫁到我身上，而我當時的處理方式，是透過傷害別人予以紓解。

我其實並不認為打架打贏對方就很酷、很帥。但我天生是一個精力無窮的人，雖然來自家庭的壓力、超齡的秀才式養成教育並沒有對我造成太多壓力，但因為我媽媽是一個比較文靜的人，所以我的精力和壓力就沒有太多宣洩的機會。而人在精力無處宣洩的時候，就會開始幹一些奇怪的事情。

現在回想起來，我覺得自己是一個很幸運的個案，因為最終我並沒有走偏。而我後來也才知道，很多人在面對自己的情緒跟壓力時，並不善於跟外界溝通、處理自己的狀況。

回顧我的童年，我之所以會有這麼多傷害性的行為，可能是基於壓力、基於自己受到的逼迫。當我們遇到情緒跟壓力的時候，該怎麼處理它呢？

很多人在面對情緒跟壓力時，會直覺性地採取壓抑的態度、讓它無處宣洩，可是這是極為不健康的作法。

當我們有一個認知，然後產生情緒，那這個從認知到情緒的過程是什麼呢？以佛法術語來說，這個認知叫作「無明」，無明產生了情緒，也就是煩惱。這個情緒可以有兩種出口，一是持續累積，二是宣洩出來。

若持續累積一段時間，情緒會演變成強烈的煩惱，叫作「毒」。而這種強烈煩惱的特性，就是會覆蓋掉我們心中所有其他的功能，它會變成很深很深的，好像洗不掉的一種毒性。傳統佛教稱之為「三毒」或者是「五毒」。

一般來說，如果你只是出現了一種情緒，那還不叫「毒」。比如說我想要一個東西，這不叫作「貪」，但是當我想要到完全無法擺脫這個念頭、完全被這個念頭綁架的時候，它才會變成「貪毒」。也就是當情緒一直被累積，之後它就變成了「毒」。

所以我們的第一個目標是：不要累積情緒。這有很多的技巧，比如說從認知上面斬斷、在情緒出現的時候讓它消失等等，這都牽涉到佛法的禪修技巧。但是最簡單的一個方式就是「行動」：在情緒累積的當下，把它直接轉化為行為，它就不會累積為「毒」了。所以，適當地宣洩壓力至關重要。

也許你會覺得，我說這些是站著說話不腰疼，但是我自認當初受到許多壓力，而我長大之後，並沒有因為這些壓力而有什麼深刻的創傷，或是因為這些壓力而痛恨誰，主要是因為，我那時候都有得到宣洩的空間，雖然不見得是好的宣洩方式，但是我希望我的故事可以讓你得到啟發，就是：**當你遇到壓力的時候，你需要宣洩**。不管是把它寫下來、記錄在一個記事本裡面，或是對某個朋友傾訴。要把它說出來，或是透過行動，而不要讓它累積成「毒」。

當然，如果你透過佛法的學習，或者各種心理諮商的療程，讓你可以更友善地處理你的情緒，那自然是很好的。可是至少不要讓你的情緒變成「毒」，這是現階段我們可以做的。

活得像個孩子

既然分享了我的童年，我想來聊聊一位我最喜歡的菩薩——文殊菩薩。文殊在梵文叫作 Manjushri，shri 是吉祥的意思，manju 是微妙的。我也很喜歡我以前曾聽到的英文翻譯，叫作 Gentle。對，他就是一個紳士，文殊就是個紳士。

文殊菩薩的性格充滿了矛盾，而對我來說，這就是一個完美的人格，我非常愛文殊。我個人可能跟文殊菩薩有點因緣，我的上師也曾經跟我說：「唯一能夠搞定

活得像個孩子，是一種藝術。

你的就是文殊菩薩。」

文殊菩薩在佛法中是智慧之本尊。當然，他不是一個神，佛法不認為有一個神，不代表他可以讓你變得很聰明，或是主宰你的智慧，不是這個意思。他代表的是智慧活靈活現的展現。

當我們談到文殊的時候，往往會提到幾個關鍵詞：第一個叫「童子」，他是個小孩。在傳統的描述上，他是一個十四到十六歲左右的年輕人，一個孩子。其次，他的象徵物是一把劍，在某些文化中，還會把那把劍說成是起火的劍。為什麼是劍呢？這是有歷史典故的。

傳說有一次佛陀說法時，台下的聽眾們意識到，自己過去世曾經造過許多惡行跟傷害性的行為，發自內心地覺得異常悔恨，進而產生一個念頭，就是：「我們過去做過這麼糟的行為，做過這麼多傷害性的事情，怎麼可能真正得到解脫呢？怎麼可能產生利他的念頭呢？」換句話說，他們放棄了追求覺悟之道，因為他們覺得自己太糟了，他們的自卑感完全將他們所淹沒。

在那個場合，文殊師利拿起一把劍，就往佛陀的方向走過去，作勢要把佛陀給殺了。那個時候佛陀告訴他：「你別殺我，殺了我也沒有用，一切都是空性的，一切都是暫時的，一切都是因緣所導致的，沒有所謂的自由或自主或獨立可言。所以你也不需要殺我，殺我沒用。」

這段話當然是說給在場所有聽眾聽的。這些聽眾聽了之後，自卑感頓時消失，發現：「其實也沒有所謂的『我們真的傷害了誰』，這一切都是我們自己的想像跟我們自己的行為，以及我們在被自己的煩惱和情緒控制下所導致的。」因此他們就釋懷了。

這麼戲劇性的故事，象徵的就是文殊。文殊是一個充滿戲劇性的存在，他是智慧，他是猛利，他是靈活。為什麼以孩子的形象呈現呢？因為孩子認知的世界觀並不是僵化的，當我們身為大人，我們有各種僵化的世界，認為是就是、不是就不是，認為有對、錯，或者認為你跟我、他跟我之間是對立的、是分開的、是有分別的。但孩子不會這樣，孩子雖然短暫地有一些分立，但是這樣的認知一下子就消融了，就如同遇到太陽的冰一樣。

文殊象徵的是智慧，而這種智慧不是老成謀國，或是過盡千帆所得到的一種體悟；也不是經歷了很多事情、學習了很多知識、累積了很多人生體驗之後，產生一種看透一切的智慧。並不是這些，因為看透一切的智慧，本質上是消極的。

我很喜歡一部電視劇《大軍師司馬懿》，裡面曹操跟司馬懿說過一句話，讓我印象非常深刻。曹操對司馬懿說：「你是個聰明人，但聰明人多善於自保，不善於進取，可以臨危，但不能治平。」也就是，很多的聰明是一種看透的聰明，是一種保守的聰明，是一種知道會有什麼後果因而不下手的聰明。

但文殊的聰明不是這樣。文殊的智慧是一種靈活的智慧，而且充滿了熱情。他對萬事萬物充滿了好奇與熱情，並積極地去接觸、去面對一切。他有著孩子般的天真，有著孩子不受禁錮的熱情。

老練的智慧是已經被禁錮了，是已經被這個社會給僵化了，被這個社會分門別類之後，在腦海中堆疊著各式各樣的知識、各式各樣的概念，然後蓋成一座圖書館，我們稱這樣的人為「智者」，我們說他們是「有經驗的人」。隨著經驗愈多，他就變得比較不善於進取，變得比較淡漠。

但佛法中，智慧不是這樣的。

智慧是一種不被主觀束縛的態度，而不是那種踏遍千山萬水後的體悟。是從一開始就無畏於「將會面對什麼挑戰」的心態，而不是「我知道前面會有什麼，我可以繞過它」。我知道怎麼做會被人家喜歡，所以我就那樣做；我知道怎麼樣會被討厭，所以我就不那樣做，不是這種世故。而是不論會不會被討厭、會不會被喜歡，對他來說都無妨。

因為他不會被自己的主觀綁架，他不覺得被討厭是糟的，他也不覺得被喜歡是

你要永遠抱持著主觀來看待這個世界？
或先把主觀放一邊，不被它綁架？

好的。他不被這一些對立，或任何我們所創造出來的主觀概念所捆綁。他不會因為你讚歎他，他就比較開心；也不會因為你毀謗他，他就比較不爽。這是佛法所追求的智慧，一種沒有被主觀玷汙的智慧。這也是為什麼智慧的形象通常是以文殊童子的形象來呈現的原因。

活得像個孩子，是一種藝術。但很多人以為，活得像個孩子是件容易的事。

不被主觀意識綁架

我記得讀書的時候，我們常常會用很多譬喻來形容一個修行者的日常生活該有的樣子，其中有幾個比較常見的例子。

第一個是「如同吃到一顆糖的啞巴」，意思是他不知道怎麼形容自己的感受，而這是一種覺悟的體驗；另一種形容是「如同看著天空的牧童」，坦白說，我其實一直都搞不懂這個譬喻的意思；第三種是「如同看著一幅美麗圖畫的嬰兒」。看著美麗圖畫的嬰兒，因為他是一個孩子，所以他看著美麗圖畫的時候不像已經長大成人的我們。

我們在經歷了人情世故之後，來到博物館，看到一幅圖畫，可能下意識浮現的念頭會是：「這幅畫值多少錢？這幅畫是現代藝術，這幅畫裡含有的象徵性是什麼？這幅畫應該經過了幾個美術館的收藏吧？這幅畫未來有沒有價值上的成長空間？」我們會貼上各式各樣的標籤。但孩子不是，孩子就安安靜靜地坐在那兒，看著那幅畫。

當然這些都是譬喻，而我其實始終想不通。有一段時間，我一直在思考一個問題：如果佛法的修行只不過是要把我們變成一個處變不驚、不貼標籤的孩子，那就讓我們全部都變成原始人就好了啊！就把我們大腦裡面下判斷的區塊給拿掉就好了啊！就讓我們回歸到好像爬蟲類動物那樣就好了啊！我們幹嘛要生而為人呢？

但隨著我對佛法的認識愈來愈多，我知道佛法的意思不是這樣。所謂的「要像文殊一樣、要像孩子一樣」的意思是：一個嬰兒、一個幼童，他看著一個東西時，他沒有主觀的判斷、沒有主觀的意識。那是因為他大腦裡面掌管主觀判斷跟意識的區塊還沒有長成，所以他只有本能跟情緒；他的理性能力還沒有那麼地完善，因此他不是不下判斷，而是他不會下判斷，他沒有選擇。

可是我們有選擇。

我們可以在成為一個大人之後，做出自己的選擇：我要永遠抱持著主觀來看待這個世界？還是我可以先把主觀放一邊，不被自己的主觀綁架？

這是我看到的文殊，這也是我為什麼這麼愛他。

在創傷中成長

更進一步來說，我們在面對任何事情或各種個人經驗的時候，其實都能夠自己「選擇」看待它們的方式。

我擁有一個跟別人很不一樣的童年，對我來說，小時候經歷的一切是不是傷害？當然是傷害。但我也從這個傷害中得到成長，我覺得這就夠了，因為我沒有辦法改變它是傷害的事實，我只能夠從中獲得我想要的成長而已。

對於我們小時候的遭遇，我們可以有兩種選擇，一種是把它視為創傷，一種是把它視為成長。我們每個人都有創傷，在面對各種大大小小的事件時，難免都會有各式各樣的受傷經驗。像我自己當初受到的這些磨練、過著幾乎像是古代訓練秀才的生活，它是一種鍛鍊沒錯，但如果講難聽一點，它其實也是一種創傷。

我可以說，因為我常常被媽媽修理，所以我就相信以暴制暴，因此會在學校打人；我也可以說，因為我小時候常常被這樣子嚴酷地對待，所以長大之後不容易相信別人——我可以這樣子看待它，我確實可以把它詮釋為一種創傷。

但佛法告訴我，任何事情都要有一個價值：「任何事情的存在，都有其價值。它如果沒有辦法達到某種價值或功用，那這個東西存在到底有何意義？」這是一個佛學中常常討論的命題。

這個觀點讓我反思我自己童年的經歷，我究竟要覺得童年是一種遺憾、傷害，還是一種讓我擁有不同收穫的經驗？它確實對我造成了傷害，可是我真的要將它視為傷害嗎？還是我要從這個傷害中得到一些養分？

想想看，如果我只是把童年經歷視為一種傷害，而且一直視它為傷害的話，那我就虧大了。首先，它已經是傷害了，它已經虧了，同時還因為我把它視為一個純然的傷害，而沒有從中得到任何的養分，那我不就更賠本了嗎？

用阿Q一點的想法來說，或許是：「它是個傷害，但是我能不能從裡面得到什麼？」而這就是我們所說的成長。

如此一想，我的童年對我而言就變得有趣了。雖然小時候有些事情沒有嘗試的機會，但有得必有失，相對於我失去的東西，我覺得我從中獲得的經歷很不錯，便不再覺得遺憾。

任何事物的存在，都有其價值。
傷害也能帶來養分。

第三章

在出家生活中摸索生命

我歷經了兩種身分認同的巨大矛盾，
但我愈是要鞏固其中一種認同，就愈難以處理
另一種身分的生活！我需要化解身分的框架才行……

在不同的人生階段，我們對生命中發生的事情會有不同的反應。而在身為一個孩子的時候，我們會有的反應跟家庭環境其實是難分難解的。

我這輩子跟出家有著不解之緣，我的成長過程中，基本上就是一直被暗示要出家，以致在我六歲時，我的自畫像就是一個僧侶。我媽媽甚至告訴我，就是為了要讓我出家，所以她才會生下我。

所以我從小就對出家這件事懷有嚮往，或者可以這麼說：對我而言，這就是所謂成功人生的典範。每個人都會有一幅成功人生的藍圖，而我小時候覺得那就是「出家」。

我接觸佛法的開始，來自於我母親，而她接觸的佛法，最早是正統派的中國佛教、漢傳佛教。後來因為九二一大地震，她接觸的道場由於位在南投，受到重創，無法繼續下去，因此她開始追尋其他答案。

那時候，透過電視媒體弘揚佛法的作法大行其盛，所以她也跟上了這一波風潮，同時接觸到當時電視台弘揚佛法最重要的幾個先驅法師。其中最有名的，就是後來以放生聞名的海濤法師。

海濤法師原本是在旅行相關行業工作，一九九三年出家之後，經過了幾年的學習，開始以各式各樣的現代方式弘法。海濤法師很年輕，懂得用新式語言跟群眾溝通，所以大概從二〇〇〇年開始，也就是我六歲左右，我媽媽就陸陸續續有在接觸海濤法師的法會。

我媽媽之所以一直關注他，主要原因可能跟他建立的形象、說法內容有關。他早期做了很多推廣性的工作，例如引進許多日本佛教單位出版的佛陀傳記、佛陀本生故事等等，以漫畫的方式出版，以免費的方式流通，因此我在小學早期看的漫畫也都是這些。

從接觸傳統的漢傳佛法，漸漸的，我媽媽也開始接觸海濤法師。海濤法師的受眾通常是只有接觸過基礎的漢傳佛法，或是流連在民俗信仰之中的群眾。而這些群眾們有一個特點，就是：對這個人來說，佛法是一個生命的元素。他不一定知道佛法真正追求的終極目標是什麼，但他知道佛法能夠幫助他在此生得到改變。每個人來的原因不一樣，有些人可能是因為家裡信佛，有些人可能是因為在生命中的某個階段覺得佛法對他產生了幫助。

總之，海濤法師的這個平台，引起了許多「想要透過比較正統一點的佛法（也就是非民俗信仰），改善自己的現世生活或追求此生安樂」的人的注意，包括我的媽媽。

二〇〇四年左右，也就是我大概九歲時，海濤法師開始招收小和尚，佛法專業

在不同的人生階段，
我們對生命中發生的事情會有不同的反應。

用語稱之為沙彌，也就是年紀小的出家人。當時我一聽到這個消息，就在媽媽還沒有同意的情況之下，主動跑去跟海濤法師說：「我希望我可以出家。」那時候我才小學二年級。

由於我小時候體弱多病，常常看醫生。還記得以前的健保卡是要蓋章的，我是可以蓋到H卡，也就是英文二十六個字母蓋到快一半的那種。所以當時海濤法師問我媽媽說：「這孩子可以出家嗎？」我媽媽回答：「他身體不太好，應該很困難。」而她希望我身體變好，因此就讓我去練武術。

開始練武術之後，我就以為我媽媽其實並不希望我出家，所以便改變了當時的人生規畫：「那我就好好練武術。」而且我對武術又有很大的熱忱，甚至希望自己可以考上國術隊、考上台灣當時最有名的文化大學國術系，成為一個武林高手。

人生方向急轉彎

五年級暑假開始的那天，發生了一件讓我難以忘懷的事。

那天我回到家，媽媽說她希望我去參加一個活動，叫作短期出家。所謂的短期出家就有點類似出家夏令營，也就是傳統佛教團體會舉辦來讓小孩子體驗出家生活的營隊。一開始，我跟媽媽說：「不要，我不想去。」因為那年剛好要去參加一些武術國手隊的甄選跟比賽。但是我媽媽告訴我，她堅持希望我去，比賽可以取消，我不必去，只要參加海濤法師舉辦的短期營隊就好。

為了安撫我媽媽強烈的要求，我當時心想：「好吧，那我就去吧，反正了不起也就是二十一天。」而且我從小頭髮就很短，就算真的要剃頭也沒差。短短的二十一天，過過出家生活，之後就可以回家了，那時候覺得沒什麼。

所以我就去參加了這個所謂的夏令營。

我在夏令營的時候表現特別好，主要原因是我以前接受了大量的佛學基礎教育。其他來參加這個營隊的人，他們的佛學底子根本沒有辦法與我相比，他們對佛法的認識不多，對傳統佛教的一些規矩和習慣都不是那麼了解，所以我的表現算是相對出色。

在這二十一天之中，無論是主辦單位也好，家長也好，其實都希望孩子能夠透過參加出家夏令營，潛移默化地喜歡出家生活，進而留下來。但這件事並沒有發生在我身上，那時候我心中認為，這就是個二十一天的營隊，二十一天之後就回家，然後就沒事了。

直到第十七天，我接到媽媽打來的電話。

我記得那個下午，也記得我的同學長什麼樣子，甚至記得當時陽光灑在樹葉上面。我就看著樹葉上的陽光，聽著我媽媽跟我講話。她說了很多，其中有一段我到現在都還記得。她說：「你得留下來，就算你回來，我也不會養你了。」

這段話對我來說猶如晴天霹靂。

現在回想，我已經忘記當時整段對話是什麼，但那時候我認為，我媽媽是認真的，所以我把電話掛了之後，就去問輔導法師：「我是不是一定要留下來？」輔導法師告訴我：「沒有啊。當然，如果能留下來很好，可是還是要跟媽媽溝通。」我想，他的心態應該也很矛盾，一方面希望我們留下來，但是他又得安慰我。

那天晚上，我心裡想著：「我可能真的得留下來了。」

我是一旦做了決定就不太容易改變的人，因此我心裡就抱持著「我得留下來」這個想法，但我還是希望可以回家一趟，所以就跟營隊的輔導法師說：「我會再來出家。」然後我就回家了。

在回家之前，我跟我媽媽說：「我會出家，但是我要回家一下，我想要把東西收拾好，我想要跟該告別的人告別。」我想要再過最後一點世俗生活。

回家之後的歷程我也不記得了，只記得大概是不到一個月的時間。我把東西收一收，把該帶的東西帶一帶。還記得那一天是二〇〇六年八月二十二日，我回到寺

每個人都必須在成長的過程中自己慢慢摸索。

院，選擇出家。

僧袍下的矛盾與掙扎

所謂的出家，就是要換上僧服、剃光頭，就算只是一個小和尚，也必須守一定的戒律，叫作沙彌戒。從此我就成為一個守沙彌戒的沙彌，正式成為出家人。

我其實不是一個習慣團體生活的人，從小就不習慣跟團體相處，所以要在寺院裡面跟著團體一起生活，對我來說，是一個非常困難的過程。

再者，因為我鼻子過敏非常嚴重，偏偏道場在苗栗的山上，濕氣很重，所以過敏變得更嚴重，睡眠品質非常差，每天清晨五點要起來做早課的時候，我都覺得好辛苦、好累。我到現在都還記得那時起床的感覺，但沒有辦法，就是得跟著團體這麼做。

我們雖然出家，可是根據台灣的法律，還是要受九年國民義務教育，我還是得去上課。那時候我就是為了轉學籍，才在八月二十二日先去苗栗，九月一日剛好可以在苗栗上課。

結果在八月二十八日時，我接到一通電話，是海濤法師透過下面的法師打來的。他說，我和我一位同梯的同學（也是短期出家留下來的學生）要被調去嘉義。

在海濤法師的僧團體系中，小沙彌們是被零散地放在他的幾個重要道場，道場遍布在苗栗、宜蘭、嘉義、高雄等地，後來擴張到台中和台南。調到嘉義，對我來說是一個好消息，因為當時坊間傳言，調到嘉義的人員是他最重視的一批，也就是他覺得表現最優異，或者說有培養價值的一批。於是，我就被調到嘉義去了。

那是我這輩子第一次聽到「嘉義」這個地名，以為位在東部，直到後來我問了其他師兄弟：「嘉義在哪裡？」我媽媽是台中人，所以我以前常去台中，當師兄弟拿地圖出來，跟我說嘉義在台中南方，我當時還十分困惑。

我在漢傳佛教出家差不多兩年，二〇〇六年八月到二〇〇八年七月，在這兩年中，我在嘉義大概待了一年半的時間，後來到台南又待了半年。在嘉義這一年半，是我出家生活中最衝突的時刻，但可能也是我這輩子印象最鮮明的童年。

在嘉義總共有十一位沙彌，白天我們穿著僧服，像一般人一樣去學校上課。以學校生活與僧團生活之間的平衡來說，我其實從來沒有覺得失衡過。一般人會覺得上課是他們的正職，放學是他們的休息；但對我們來說，放學之後才是正職，而在學校上課是休息時間。尤其因為我的功課好，學校課業對我來說並不難，因此我一直把它視為消遣，而不會有什麼壓力。既然我視為消遣，我就不會羨慕班上同學的自由生活。因為我的工作是放學才開始，而我並不討厭身為出家人的工作，所以並不怎麼羨慕同學。

那時候在嘉義的生活日常大致是這樣的：我們住在一位居士捐出來的透天厝，五點半做早課，六點多吃早餐，七點半大家統一到學校上課。放學回來之後，我們要做晚課，之後是放香時間，就是要做功課的人做功課，想做什麼的人就去做什麼，但基本上不能離開住處。

在這個時期，對我來說最衝突、矛盾的，反而是出在我的身分認同上。

在學校，以僧侶的身分跟在家人互動，對我來說是很困難的。因為我的同學會對我有些期待，或是一些既定的想法。首先，我是從台北轉來的，所以我跟當地本來就不是很合；第二，他們對出家人有一些成見，比如說出家人就四大皆空，出家人不應該有任何世俗的樂趣。可是我是個小孩，也想有一點娛樂，當我看漫畫的時候，他們就會說：「出家人怎麼能看漫畫！」或者當我去合作社買東西吃，他們也會以此來調侃我。

這是一個在身分認同上充滿困惑的歷程，而最困惑的部分發生在我出家第一天。當時我跟我的師父一起去參加活動，然後就收到供養，也就是在家人會對出家人進行的供養，在當下我完全不知如何是好。當然，我是個出家人，所以依照佛法的理解來看，接受供養是很正常的事情，這是讓在家人植福的機會。

前一天我還是個在家人，隔天只不過是披上一件袍子，受了一些戒律，我就能接受這個供養，這樣對嗎？這其實是在我出家生活中，特別是在漢傳佛教出家生活中，一直讓我覺得最不平衡的地方，也讓我一直在尋找：自己作為一個出家人，應當扮演什麼角色和定位？

一方面，在學校我要跟其他同學相處；在道場裡，我要跟我的師兄們相處。與他們相處的時候，我不是很清楚自己的角色是什麼，在這種狀況下，容易進退失據，與人相處也格外尷尬、感覺困難。

漢傳佛教有一句話：「一日不做，一日不食。」所以我覺得作為一個出家人，就要做一些工作；但就某方面來說，我其實沒有什麼工作好做。我在學校只不過是披上僧袍，然後遵守一些戒律，但除此之外，我好像沒有做什麼特別神聖的事情。可是我在道場的時候，面對一般的居士，他們會非常敬重我們，因為我們是出家人。面對這些居士時，我們很清楚，我們的地位是高、他們是低，這種神聖性是很明確表現出來的。

而當我面對自己的師兄時，雖然大家都是孩子，但就跟軍隊一樣，會有長幼的關係。師兄可能只大我們一歲，我六年級，他們國一；或者我國一，他們國二。但是當師兄們覺得我們做得不好，他們也會罵我們、打我們。這我們也可以理解，因為這是一個團體生活。

角色的切換一直讓人很難拿捏。在日常生活中，我們接收到的是尊重；但在面對自己師兄弟的時候，我們經常被壓制或得壓制別人；當我們和同學相處的時候，面對的又是同儕之間的期待跟壓力。多重角色的扮演與轉換變得極為困難。

一方面我們好像很神聖，至少當我們在讀佛經的時候，會覺得出家人好像真的是一個很神聖的存在；可是一方面，我們自己好像很不值，因為跟同學相處的時候，根本不知道該怎麼辦。至少對我來說，這是最大的難處。

同時，還要再加上情感因素。因為那時候小六，在我那一代，小六已經是情竇初開的年紀。看到班上有些女生對我們有意思，我們內心也是會對一些女生產生情愫。可是我知道自己是個出家人，不應該對她有情感，甚至連講話也沒超過兩三句。

總之，我們都在嘗試拿捏自己的角色，可是我們對自己的角色並沒有很具體的認知，所以後來就引發兩件事情。

我們都把自己看得太重要了。

摸索生命的過程

第一件事有點複雜。

海濤法師雖然是我們名義上的師父，可是他沒有時間管我們，真正管我們的是他的弟子，所以我們稱呼海濤法師為師公。

在嘉義期間，帶領我們的是海濤法師弟子中的兩位法師，我們名義上稱呼他們為師叔。其中一位是非常年長的外省人，叫作湛行法師；另外一位是來自新加坡的法師。

湛行法師非常疼愛我，對我的照顧可說是無微不至，事事都支持我。當然不是只有針對我，他對所有小沙彌都是同樣的態度。他自己七十一歲才出家，常常說，我們可以童身出家，是非常殊勝的，所以他雖然身為僧侶，內心卻認為自己是個在家人，然後把我們當作孫子一樣疼愛，但又像對待僧寶一樣敬愛。

早餐向來由湛行法師負責烹煮準備，他手藝很好，非常會煮飯。我至今都記得，每一次只要做完早課，我們便會回二樓的寮房休息，等他煮完飯之後，他就會從一樓上來對我們說：「小師父們，吃飯了。」他作為我們的師叔，可是卻稱呼我們為小師父，在外人面前也盡量維護我們的面子，同時很包容我們。

我們對他的情感就有點像是對媽媽一樣，即使他是男眾法師。他一方面像媽媽，一方面像爺爺，一方面又像老朋友。七十二歲了，還是每天揮汗幫我們煮飯。這是一個小時候不覺得怎麼樣，長大之後覺得很珍貴的心意與情誼。

另一位法師來自新加坡，他以前是國際刑警。

我們住在嘉義的透天厝時，新加坡這位法師住樓上，跟我們住同一層樓，湛行法師則住在一樓。那時候我們雖然作為沙彌，但還是有各式各樣的世俗樂趣。比如說，那時候還有百事達，我們就會去租片子看，當然不是什麼奇怪的片子，就是一般的娛樂片。我們最大的娛樂就是可以租片子看，或是假日晚上跑出去，買當時最愛吃的一家素食鹽酥雞。

對那時的我們來說，如果可以同時結合看片子、吃素食鹽酥雞，再加上冷飲的話，那真的有如置身天堂。

但是除非有人特別出錢，否則我們根本身無分文。以前的規定是：我們接到供養，都一定要上繳給僧團，自己不能留錢。為了這些小小的娛樂，大家就會想辦法藏一點錢，例如收到供養之後，可能只繳一半上去之類的。

我不像師兄們那麼資深，也比較不會接到供養，但我又想要跟師兄們有更多共通話題，讓自己在團體中能跟大家好好相處，所以當時我做了一件現在想起來有如鬼迷心竅的事情，竟然選擇去偷新加坡法師的錢，而且前前後後偷了將近一萬元。

這些錢我完全不是花在自己身上，而是用在提供我們這個小團體的娛樂上頭，包括租片子或是吃喝。所以我就成為當時嘉義的十一個小沙彌中，最熱門的人物，因為我有錢。

但是後來就很慘，因為我被師叔抓到了，而我所做的事，對僧團而言，是非常嚴重的過錯。

當時我出家即將滿一年。抓到我偷錢之後，新加坡師叔很激動，嚷嚷著要報警。我很緊張，我的師兄弟們也都覺得這下完蛋了，我死定了。還好後來師公海濤法師打電話給他，勸他不要報警，這樣做也沒意思。

這件事就變成我在僧團體系裡面的一個大汙點。

但作為一個小孩，而且是不適應團體生活的小孩，在剛剛進入僧團不到一年的時間裡，確實是充滿了各種的矛盾感。我希望得到僧團內師兄們的認同，但用的卻是最簡單粗暴的方式。現在回頭想想，那一萬台幣對長大成人的我來說雖然不是很大的金額，但對一個孩子來講，卻是難以填平的龐大缺口。這件事在我的出家生活中，寫下了難以或忘的一頁。

第二件事情是，我覺得作為出家人就得幹活兒。

一直把情感視為堅固、牢靠、不會變化的東西，
其實很不合理。

就像我在前面說到的，對我來說，前一天還是一般人，隔天披上僧袍就變成被捧得高高的出家人，這對我來說是極為矛盾的一件事。因此，我認為既然成了出家人，就得做好出家人該做的工作，以此穩固我對這個身分的認知。

我們晚上回到道場之後，其實是可以選擇自己要做什麼的，或許寫功課，或是在道場休息，不用出門。

但是我在嘉義一年半的時間，幾乎每天晚上都會出去，去哪裡呢？主要是去做大量的臨終關懷和服務。臨終關懷通常都是在晚上，所以晚上可能會去殯儀館，為已經離世的人誦經；或者去為剛剛往生的人助念；有時是為瀕臨死亡的人助念，或是在晚上去殯儀館布施給鬼神等等。那時候我們有大量的這類活動。

或許這就是我在找回自己「作為出家人的責任」的一個方式，所以我那時候幾乎每晚都自告奮勇。尤其我功課寫得很快，因此我們十一個沙彌裡面，只有我和一位師兄天天外出參加活動，到後來已經變成一種習慣。

在那段時間，幾乎每天晚上都去參加這些活動，然後看到大量的屍體、大量的往生者。我印象最深刻的有幾個：有一次有幾位師兄弟去幫一位即將臨終的人助念，結果到他們家之後，發現他們家所有的人都躲在一間房間，而這位即將往生的人就瘦骨嶙峋地獨自躺在另一間小房間的小床上，聽我們在旁助念。當時我覺得，最痛苦的應該是這位即將臨終者本人，他還沒死，但他知道大勢已去，因為我們已經在旁邊為他念佛、為他誦經了。

那次主要負責的是湛行法師，由他向即將臨終者宣說一些佛教裡往生的道理，但是臨終者不可能聽得進去；再者，他已經失去判斷能力了。我們知道這個生命雖然還在、還沒往生，但也只是時間的問題而已。

我們在那裡助念了兩、三個小時，到了凌晨他還沒走，但我們也沒辦法繼續待下去，因為第二天還要上課，所以我們全都返回道場。我記得他們一家人對我們也沒怎麼招呼，可能是其中有一個家人學佛，所以請我們去，其他家人對我們就不怎麼在意，冷冷淡淡的。

我們離開不久後，大概凌晨三、四點，他就過世了，但我們第二天接到訊息的時候，都已經出發去上課了。為了要回去繼續幫他超度，下午只好請假，大家從學校回來，前去為他做助念。這件事在我心裡留下特別鮮明的印象。

每個人都必須在成長的過程中自己慢慢摸索，而我分享的這兩件事情，就是在表達一個出家人摸索生命的過程。

在這個過程裡，我歷經了兩種身分認同的巨大矛盾，但我愈是要鞏固其中一種認同，就愈讓我難以處理另一種身分的生活。例如，我愈是顧好出家人的身分，我在學校時就愈難應付與一般同學的相處；而在僧團中，我愈是受到在家人的尊敬，就愈難處理和別人互動時那些開玩笑的言語。

這樣的衝突，是一直到後來我進入藏傳佛教體系之後才真的化解開來。藏傳佛教的出家人必須要工作，也不會被捧得高高的，因為我非常討厭身分的框架，不喜歡被框架，也不喜歡框架別人，便在那裡感到很大的解脫。

誤以為孩子跟大人一樣

很多人都會問我，當初為什麼要出家？我每次都說，這是來自我媽媽的一段話，然後他們就會說：「你怎麼就接受了？你怎麼那麼聽話？」會有這樣的疑問，前提來自於我們不曾深思，一個孩子其實無從選擇。

現代人在教育孩子的時候，我常常看到兩種很極端的狀況。

一種狀況是把小孩子當作「物」，當作某個人的附屬品。而把小孩子當作物品時，基本上會有幾種表現：

第一種是父母會忽略他的意見，也就是我們所謂的威權式教育。「囝仔人有耳無嘴」、「孩子只需要安靜聽話」便是這種教育的展現。大人不會尊重孩子的意見、不希望孩子表達他的看法。當然，這是比較負面的。

另一種是許多父母自認為正面的行為，卻在某種程度上，「物化」了孩子。舉例來說：當孩子有一點情緒，我們就告訴他：「有情緒是不好的，我們不需要有情緒。」當孩子開始哭鬧，我們就安撫，希望他安靜等等。我們都知道人有情緒是正常的，但即便我們把孩子視為一個人，當他哭鬧的時候，我們下意識就想要拒絕他，覺得他很煩人，想要停止與他溝通。我們這樣的反應，正是把孩子當作一個物，而不是把他當作一個人。

把孩子當作物，對孩子產生的負面影響是很明顯的。試想，在威權教育的模式裡成長，孩子不知道怎麼表達自己的意見；這個孩子長大之後，當然還是不知道該怎麼表達自己的意見，他不知道自己想要什麼，也容易走在別人為他設計好的道路之上。這已經算是比較平順的結果，而比較激烈的狀況是：他在這個環境中長大，之後就必須不斷跟父母抗爭，才能活出自己。

還有一種我稱之為把孩子物化的情況是：我們認為孩子沒有能力處理自己的問題，認為他沒有辦法面對自己的情緒，因此我們每次都順著他。這樣的孩子長大之後，會愈來愈沒有辦法處理自己的問題，他的依賴性會愈來愈重，甚至不知道外在世界充滿了挑戰。很多必須透過努力、必須認真面對的問題，對他來說，丟給別人處理是理所當然的。

不過，以我的情況而言，我母親帶有目的性地把我生下來、把我彷彿當作「物」一樣對待，其實我並不覺得有什麼不好。因為，我究竟是要把自己當作物品或當作人，是我自己可以決定的。

在佛法的世界觀裡，原始佛法在剛開始發展的時候，是很唯物論的。

在現代社會，我們都偏向唯心論，覺得人好像是一種很神聖的存在，但如果去看看西方世界的科學與思想發展的進程，就會發現人的地位其實一直在下跌。從一開始基督教的一神論中，人跟神是世界的主宰；到了達爾文進化論的時代，人就跌到跟猴子屬於同樣層級的生物；甚至到了後來，許多假論都認為，人的生命形態，以適應環境變化的角度來說，可能連細菌都不如。

佛法思想跟這種論述有一些有趣的關聯。原始佛法關注的問題是：我們把自己看得太重要了，我們只不過是一堆物質構成的有機體而已，我們能夠做的事，就是在這個物質構成有機體的現實情況之下，創造一個自己覺得快樂的生活。

所以，作為一個物品，我覺得並沒有不好。在這些生命的過程中，我覺得我這個有機體發展得還不錯，這樣就夠了。我並不是抱持阿Q的心態，而是認為這樣真的很好。反而我對那種想要活得很夢幻、充滿各種情感的生活，還感到比較困惑。

佛法認為，不論是把孩子物化或把孩子人化，基本上都犯了一個錯誤。

一直把情感視為堅固、牢靠、不會變化的東西，其實很不合理。

人會成長與變化

除了把孩子物化，另外一類更常見的教育方式，是過度期待孩子的「人性化」。很多父母以為孩子就像一個大人一樣，認為跟孩子溝通、講道理就有效。當孩子不高興的時候，我們會告訴他不要吵，或者告訴他，現在的狀況不適合吵鬧，我們會跟他講道理，會把他當作一個成年人，認為他是一個理性完全發展的人，但事實上卻非如此。

這種時候，父母就會陷入另外一種矛盾，他會覺得：這孩子怎麼這麼難溝通？我都把你當作一個成年人來相處，你為什麼不能表現得像個成年人呢？接下來又進入了威權的循環，就是物化的循環。

但是，我們必須了解一件事：現代科學告訴我們，人類的大腦是可塑的；更重要的是，人類的大腦是正在成長的。因此，一個人在他的不同階段，對於世界的看法會不一樣。舉個例子來說，孩子比較沒有耐性，特別是嬰兒，他之所以沒有耐性，主要是因為他的身形跟我們不一樣。

我們知道，新陳代謝決定我們感受世界的頻率，當一個物體愈小，他的新陳代謝愈快，他的時間感也會是愈快的。因此我們總是打不到蒼蠅，因為對我們而言是很快速地揮手，可是對蒼蠅來說卻是慢動作。我們的快，對牠來說是慢的。

因此對大人來說，等個兩分鐘很合理，可是對孩子來說，這兩分鐘可能等同於六分鐘、八分鐘，甚至更久的時間，而我們往往忽略這件事。我們忽略了，當一個生命體處在不同的形態時，他的感受、他對這個世界的感知是不一樣的。

更進一步，我們忽略大腦的發展。人類大腦中，理智跟情緒是由不同的部位所掌管，但是我們往往過度期待他的理智，卻忽略他的情緒。實際上，理智腦的完整發展需要長時間，特別是以孩子來說，你要他理智地處理情緒是不可能的。

因此，現在教育專家告訴我們，當一個孩子情緒化的時候，你要讓他把情緒說出來，這才符合人的性格，才有辦法讓他真的平靜。如果你叫他保持理智、自我壓制，那是沒有用的，只會給他帶來更多的困擾跟壓力、不解和困惑，之後他可能更不願意吐露真實心情。

佛法也有同樣的論點。佛法認為，不論是把孩子物化或把孩子人化，基本上都犯了一個錯誤。當我們把孩子物化，很容易認為這個孩子就是一個物體，忽略他有自己解決問題的能力，或者是他應該要學習解決問題的方法。我們忽略他的意見、忽略他的想法、忽略他的感受。「物化」就是忽略他擁有的能力跟他的感受。

但是當我們把孩子「人化」時，這是一種靈魂論的表現。也就是說，我們把一個剛出生的孩子，跟我們這樣的成年人，視為一模一樣的完整個體。但我們都知道，人要成長到可以面對自己生活中的一切問題、做出反應，並且正確地解決它，需要多少時間。這不是與生俱來的能力，但我們卻期待在一個孩子身上能表現出這樣的理性能力，這是不公平的。以佛法來看，這是犯了忽略無常的錯誤，我們沒有意識到人會成長、人會變化。我們以為孩子跟我們在各種能力上是一模一樣的。

佛法在討論童年或者人類的成長上，有一個很重要的論點叫作「十二因緣」。傳統來看，大部分的佛法學者認為，十二因緣是在討論人類轉世的過程。但是根據部分《俱舍論》系統的主張，認為十二因緣其實是在談論一個人的成長。

這些主張認為，人類出生之後，大約一到七、八歲這期間是接觸期，孩子們正在大量接觸這個世界，而他沒辦法很快速地判斷這個感受是正面的還是負面的。

從大概十歲以後到十六歲之間，他開始能夠接收到感受，但是他還不太知道怎麼對這個感受做出正確的回應。

接下來，大概到了青春期的階段，他開始會對某些特定的感受有強烈的執著，或強烈的興趣。不過他的反應可能很單純，他喜歡的就想多要一點，他想要什麼，

「物化」就是忽略他擁有的能力跟他的感受。

就直接去追求。但同時也處在一種矛盾中，因為他不知道如何用正確的行為，或者說，不知道怎麼用具體的方式來達到他的目的。

過了二十歲以後呢？他就開始懂得如何透過各式各樣的行為、行動，追求自己想要的。

所以佛法的論點認為，孩子有一個成長期，這就跟現代我們所說的大腦科學是異曲同工的觀點。

這就是為什麼我說「孩子比我們想像中的脆弱」，對孩子寄予過度的期待，希望他做一個決定性的選擇，或者希望他做出一個改變自己生命的決定，甚至要他們為自己的決定負責，這其實是很不負責任的期望，因為他不知道這代表什麼意思。就像前面所強調的，孩子的大腦還沒有那樣的理智與判斷能力，他根本不知道這件事的代價是什麼。

每當我講到自己出家的故事時，很多人都會問：「你當初為什麼不拒絕？」我當時要是知道可以拒絕，我就拒絕了。但我不知道可以拒絕，因為那時候我認為這句話是真的，我媽媽是認真的，她不會養我了，我只能有這個選擇。

即使是錯誤選擇，也要包容

十二因緣告訴我們：人要能夠對自己的感受產生貪愛，並且知道怎麼正確地達到這個目的，是二十歲以後的事。但很可惜的是，我們常常以為，一個孩子所做的選擇或是決定，就是完整的決定了。

其實不只對孩子是這樣，我們有時候對待成年人也同樣有過度的期待，即使很多成年人本質上還是個孩子。

當然，以一個健康的社會來看，成年人相對來說得負責任，比起孩子，他得承擔更多的責任跟義務，可是，很多人在做選擇的時候，並不知道背後的意義和代價是什麼。

所以，第一，我們不能苛責孩子，因為他們做出某些判斷時，根本不知道自己在幹嘛。第二，我們也不能太苛責某些家長，因為他本質上還是個孩子，他不知道在做一個判斷的時候，後面的價值和犧牲是什麼。甚至更簡單來說，很多父母自己也很茫然，也不知道該怎麼辦。

就像當初的我，我知道偷錢是不對的，可是我不知道除此之外還能有什麼辦法。當然，有沒有辦法呢？有，我知道我可以拒絕。但我真的能拒絕嗎？我不知道怎麼拒絕，我不知道有「拒絕」這個選項。同時，我又會透過積極從事佛事，努力想要讓自己感受到「我是在做一個出家人的工作」。

藉著偷錢好讓自己在團體生活中被接受，同時藉著做臨終關懷和超度來確認自己的出家身分，這就是當時我取得平衡的方式。

很多時候我們都以為，人是在絕對理智的情況下做選擇。但首先，並沒有所謂的絕對理智，人的大腦是不停在成長和發展的。其次，很多時候我們做的選擇是在特定的時空脈絡下產生的，我們不能「去脈絡」地看待它。

當然，當它上升到眾人利益、社會和諧的時候，我們會盡力避免做出錯誤的選擇。可是當我們在面對自己的親朋好友時，我們或許可以對他們做出的錯誤選擇多一點包容。我覺得這是我自己學到很重要的一件事。

第二部 立

第四章

在風雨中尋找心之所向

前途茫茫，是每個人在生命的歷程中必然會經歷的不安感受，
但除了問自己「想要什麼」之外，
另一個同樣重要的問題是「我不要什麼」……

到了兩年出家生活的後期，整個僧團開始動盪不安，連帶也讓我對未來的方向感到憂慮。

我在海濤法師的體系出家，待了兩年，前一年半都在嘉義。到了後期，體系內就出現了大變化：海濤法師要建立訓練沙彌的佛學院，同時也有一些新的計畫，於是我們就開始被分發和調動。

那時候大家都很緊張，因為有好多沙彌被迫還俗，我們稱為脫下僧服——像是把他扒光的感覺。當時許多沙彌都在海濤法師的命令下還俗，主要原因是品行不端。還俗後，他們還是住在僧團裡面，但就得回歸居士的身分。

經過一陣風風雨雨之後，後來我們擔心的事情都沒有發生，他沒有命令我們還俗，只是把沙彌們重新分發。於是，我跟我這一輩的兩位師兄，三個人一起被調到了台南鹽水，一個對我們來說比嘉義更加偏僻的地方。

動盪的僧團

在鹽水那半年的時間，嚴格來說，占了我漢傳出家生活的四分之一，可是我對那段時期沒什麼印象，主要原因是當時作息規律，而鹽水又是新開拓的區域，不像在嘉義時有許多法務、法會要處理。

那一年也開始傳出一些不太一樣的說法。比如當時傳言，鹽水會是以後最菁英的一區，所以那時我們就有一些特殊待遇，例如我們這三個分發到鹽水的沙彌，每個月有八百元零用錢，其他沙彌則都沒有。

再來，我們穿的僧服也變得不一樣了。以前我們都穿灰色僧服，而鹽水是第一批開始穿咖啡色僧服的，這就有點像僧階。僧服的改變，可以視為一種地位的肯定。可見那時候我們得到很多優勢及福利。我們當時也覺得，師公可能真的要認真辦教育、培育我們了，因此我們那時候內心很高興，也很期待。

但過了半年之後，便來到了我待的這個沙彌制度風雨飄蕩的後期。那時候，同一體系底下的沙彌已經愈來愈少，主要原因在於，除了海濤法師是我們的師公之外，還有一個法師是我們名義上的師父，也是管理我們的人。後來海濤法師想把管理責任交給其他法師，但因為他們的管理方式相較之下比較嚴厲，於是就開始出現人與人之間的裂痕，這種情況一發生，僧團就會分裂，人數會變少，也有人會還俗。當時就是發生了這些事情，於是很多人就離開了僧團。

因此，那段時間非常動盪，尤其是半年後，情勢變得更加不穩。

我在嘉義待了一年半，時間點是在我小學六年級全年及國一上學期，國一下學

許多人在遇到問題時，第一個反應是產生畏懼的情緒。

期是在鹽水讀的。後來僧團又覺得不能分開管理，要把大家集中在一起，所以海濤法師就在嘉義的中埔地區租了一所廢棄的小學，準備在那裡辦沙彌學院，並召回所有的沙彌。那半年我好不容易才適應鹽水，結果又要被召去中埔。

即將前往中埔之際，我內心已經有一點瀕臨崩潰，雖然沒有到以淚洗面的程度，但那時候真的是非常動盪不安。首先，我觀察很多我們的師兄弟，他們當中有的還俗離開了。而當時海濤法師對於離開的人，他的處理方式是給予負面評價，比如說他們就是忍不住欲望、想交女朋友才會還俗等等。寒蟬效應因而發生，僧團內部原本該凝聚的向心力開始消失。我們看到很多我們認為不會還俗的師兄弟也紛紛還俗。

再來，辦教育這件事，海濤法師講了很久，可是都沒有實現。因為我跟他相處過，知道他的佛學底子，我也知道他沒有時間教我們。如果他要辦教育、要找某個法師來教，那就很合理；但他如果說要自己教，根本就是不可能的。所以當他說要在中埔辦沙彌教育，卻沒有說要找哪位法師來教時，我心裡多少就有底了。

在如此不安穩的時期，同時也發生僧團的管理法師與功德主之間的不和，後來狀況甚至愈演愈烈。那段時間對我來說，就是一個外在人際關係動盪不安的一年。

一片黑暗的未來

總之，我們後來全都被調去中埔了。

在那段期間，我強烈感受到前途一片漆黑，不知道接下來該何去何從。甚至我心裡隱隱明白，在這個體制中根本學不到東西，這些內容也不是我所了解的佛法。

我那時候就常常在想，繼續這樣下去，自己未來會變成什麼樣的僧人？其實只要看我師公跟師父就知道了。如果我將來會變得跟他們一樣，那就不是我想要的出家生活，因為我覺得出家人不是只有這樣而已。

當時我內心充滿了猶豫，即便一再自問：「我該怎麼辦？」卻完全不知道我該如何是好。那時候我沒有想過還俗，因為我覺得出家可能是我一輩子的使命，因而只能一直處在猶豫、徬徨的狀態裡。

後來發生了一起事件。由於海濤法師座下的體制比較特別，他因為不是出身在很強大的漢傳佛教體系，所以並沒有很強烈的漢傳佛教情結，對其他佛教傳承的包容度是很大的。特別是他有一個性格，就是喜歡交流，各傳佛教，如日本佛教、藏傳佛教、南傳佛教、緬甸的佛教、泰國的佛教、不丹的佛教等，都和他有所往來。

那段時間他正好處在與藏傳佛教交流頻繁的初期，跟格魯派的色拉寺往來尤其密切。色拉寺那時候在台灣就有常駐的幾位法師，我們一般稱為喇嘛，當然他們是有學位的，他們的學位叫格西。

那時候色拉寺在台灣的幾位格西我們都認識，三不五時會在法會上見面，他們也會來訪，我們彼此是熟悉的。當時有一位會講中文的格西，名叫吐多，藏文的意思是指威力。我們那時候都開玩笑稱呼他「土豆格西」，他也聽得懂閩南話，是一個很有趣的人。

當時只有我們幾個在中埔，其他的師兄弟們還沒有被調過來，我的大師兄又跟我師公出國去了。這可能也是讓我們內心感到不安的一個原因，因為人愈來愈少，只剩下我跟我二師兄，還有管理我們的師叔，每天面對著一個偌大的廢棄校園，可以想見整個場景之淒涼。

大約在我們搬過去的頭兩、三天，我們就知道，土豆格西跟另一位格西要來嘉義，他們想去阿里山玩，要由我們作陪。那時候我記得管理的法師不在，就由一位居士開車，我們兩個沙彌跟那兩位格西一起同行。

佛法的核心概念是「緣起」，
意思就是任何事情都是因許多條件而產生。

初遇藏傳佛教

我是一個好奇的人，於是我在車上就對他們提問，想了解藏傳佛教的學制。

我請教他們：藏傳佛教在做什麼？他們告訴我，他們讀什麼經論，說他們讀的主要有五個思想，我後來才知道，那叫藏傳佛教的五部大論。格魯派素以學術嚴謹著稱，他們在背誦經論的時候倒背如流。他告訴我，他們在辯論時是如何學習的、佛學院的學制又是多久。

對當時的我來說，這些資訊根本就是天籟，怎麼會有這麼美好的制度！那時候我心中就是這個想法。那個感受強烈到我忍不住跟我的師兄提議：「我們要不要一起去？」他說他要考慮一下，但他其實是在敷衍我，因為他根本沒有意願。

我那時候心裡非常強烈地覺得：「我想去！我想要去格魯派！我想要去藏傳佛教讀書！」當時我在想，如果我這輩子要出家，我就想成為這樣子的僧侶，學富五車、博學多聞、舉重若輕。我不想當一位很有名聲，但大部分時間都在處理人與人之間的問題，無暇做學問的人，因為我覺得做學問才是讓我開心的事。

當時我很天真地跟土豆格西說：「你們可以幫我安排嗎？」當然，他不可能直接答應我，因為他們跟海濤法師的關係很密切，他說如果海濤法師答應，他們就讓我去。

在此之前，海濤法師放了一些風聲出來，曾說他要派八個人去南印度讀一年佛學院，這也是我當初會留下來的一個主要原因，因為我渴望接觸藏傳佛教佛學院很久了。至於那八個人會是誰？大家傳得沸沸揚揚的。那時候我大師兄是最被疼愛的，我還記得他趾高氣昂地說，如果去的話，他們一定會受到特別的教育，因為他們是被派去的人。那時候我心裡真的超羨慕的。

聽到格西說要取得海濤法師的同意，我瞬間明白，這就是一個委婉的拒絕。後來我就跟師叔借電話，我跟他說，有一些重要的事情要跟家裡聯絡。在電話裡，我跟媽媽說：「如果妳希望我終身出家的話，我希望我可以成為一個藏傳佛教的出家人，我希望在藏傳佛教中做學問，我覺得這是很重要的，我不想在這裡。」我媽媽有點猶豫，我就催促她快點跟土豆格西他們見個面。後來我媽媽就在台北見了土豆格西，那時候我還在中埔。

見到土豆格西之後，她告訴我，她覺得這件事不是很妥當，因為他們那邊的學制很龐大，也沒有多少華人走過這條路，各方面的資料都不是很齊全，派人去之後，狀況會如何也不是很清楚，所以她內心是有點忐忑的。但是，我那時候很強烈地意識到，我要離開海濤法師的體系。

那時候海濤法師剛好出國，於是我在他回國前一天跟我媽媽說：「妳一定要把我接回去，無論如何，我之後想要去印度讀書，不論去土豆格西那裡或哪裡都可以，我要去！妳必須把我接回去，不然我走不了。」如果海濤法師回來，我肯定哪裡也去不成。

所以我媽媽就找了一個藉口，跟海濤法師說，孩子要回家辦戶口、要回家讀書等等，就這樣，我離開了海濤法師的體系。

心之所向

藏傳佛教有分四個教派，格魯派是做學問非常有名的，可是我們家一直跟噶舉派的大寶法王比較有緣，當然也有可能是因為，歷史上一直說大寶法王跟華人比較有緣，所以我們家一直都跟大寶法王的教派有一些緣分，比如說有一些活動我們會收到通知、一些訊息我們都有在關注。

因此，我媽媽那時候就跟我說：「你何不去噶舉派？你何不去大寶法王的教派？」

剛好我們家也有與噶舉派寺院往來的親戚，便輾轉透過這層關係，請這位親戚

沒有什麼事情是不可能的，
只要湊齊讓它發生的條件即可。

協助了解噶舉派各佛學院的狀況、學習制度、有沒有可能接受華人、能否辦理簽證等等。

後來得知，噶舉派在印度的佛學院大概有十幾所，最頂尖的有兩所，其中有一所是可以接受一位華人學僧的。

學校找好了，知道可以去的地方了，當然那時候我內心一直希望可以得到大寶法王的祝福。主要的原因是：雖然我知道這所佛學院一定很棒，他們有給我看過資料，我也知道他們的狀況，它是一所很好的佛學院，但是我不了解它，因此我還是希望，我這段從已知走向未知的過程，是被祝福的。

二〇〇八年年底，我去了印度，透過官網上預約的會見，見到了大寶法王。當時我跟法王報告：「我希望在教派中出家，然後在教派中讀書。」其實在去之前我非常忐忑，因為我們常常聽到法王的一些事蹟，像是某人向法王表達想出家的念頭，法王叫他回家想一想，結果他回去的路途上，在旅店中夢見自己的母親，他就想到，他媽媽年紀很大了，他如果出家會很不孝等等。由於聽過這種事蹟，所以我們知道，法王不是什麼人來出家都會答應，因此當時我心裡有點七上八下。

見到法王之後，法王基本上沒有太大的意見，就直接說：「好啊，什麼時候來？」

對我來說，儘管我生命的歷程與大多數人都不一樣，但我自認從來沒有遇過太大的難題，也沒有太戲劇化的事件發生，反而在我眼中是有點平淡的。

許多人在遇到問題時，第一個反應是產生畏懼的情緒，但我可能天生就知道，大部分時候，情緒並不會對事情有所助益，反而會讓人充滿挫折感，還可能讓狀況變得更複雜、更難以解決。因此，我在遇到難題時，並不會覺得很可怕，而是立刻開始尋找解決的辦法。

在這一點上，佛法的教育為我建立的觀念是非常受用的：佛法的核心概念就是「緣起」，意思就是任何事情都是因許多條件而產生。

由此延伸而出的概念就是：沒有什麼事情是不可能的，只要湊齊讓它發生的條件即可。可見，重點從來就不在於「我做不做得到」，而是「我要湊齊什麼條件」。

在看待生命的時候，我向來都把它當成一盤棋，我內心總是抱持一個想法：「反正就走嘛，如果失敗了，就重來。」因此，儘管在海濤法師那裡的最後一段日子，我感到未來一片黑暗，但是，這種前途茫茫的擔憂，並非來自於我不知道該往哪裡走，而是出自於我不知道腳下這條道路，究竟還值不值得我信賴？對我來說，這其中比較大的掙扎在於，由於我當時太過信任這個體制，因此會懷疑自己是否要推翻這個信任。

踏上做學問的道路

獲得法王的首肯之後，我就在法王的座下剃度，然後跟法王說，我準備去一所蔣貢康楚體系的佛學院學習，並且也得到法王的祝福。

蔣貢康楚是一位上師的名字，在藏傳佛教中，他是一位很重要的上師。在大概十八、十九世紀時，藏傳佛教曾經經歷一次文化復興，因為經過蒙古與藏族之間長時間的政治角力，很多藏傳傳統文化日漸式微。十八、十九世紀這一次的文化復興，主要負責人就是蔣貢康楚，他是一位沒有宗派本位主義的大學者，因此在藏傳佛教歷史上有很重要的地位。

蔣貢康楚本人是第十四世大寶法王的弟子，雖說他是一位不分宗派的大師，可是在歸屬上面，就被歸類在噶舉派。噶舉派是創立轉世制度最主要的教派，後來藏傳佛教很多教派都模仿這套制度。

所謂的轉世制度是佛法認為每一個人都會轉世，你、我、他，我們沒有選擇，我們死亡之後就會轉世。可是某一些經過訓練的人，他可以在死前控制自己接下來

追求夢想或選擇現實，
兩者間的取捨雖然很難，但並無矛盾。

要轉世去哪裡；更有一種人，他不但能夠控制，而且可以認出接下來的轉世地點在哪裡，這個叫作轉世認證制度。而這個制度的開創者就是第二世大寶法王，他跟元代蒙哥汗是同一時期的人物，透過他的開創，他認證出他的下一個轉世，第三世在臨終前也指出第四世會轉世在何處。

這個制度一路發展下來，到了現在是第十七世大寶法王。像剛剛講的，蔣貢康楚是第十四世大寶法王的弟子，他因為作為一個大師，也延續了這樣的制度，他也有轉世被認證，現在在位的蔣貢康楚是第四世蔣貢康楚。

我剛剛講的蔣貢康楚佛學院體系，是在第三世蔣貢康楚上師的時代，在印度慢慢建立起來的，他已於一九九二年圓寂。第四世蔣貢康楚仁波切在一九九五年出生，比我小一歲，所以他在這個體系裡面也作為一位學僧。我去的那一年是二〇〇八年，他十三歲，我十四歲，整個佛學院體系是屬於蔣貢康楚這個品牌。

蔣貢康楚佛學院的體系分成兩塊，一塊是基礎學問，另一塊是高端研究。我去了之後才發現，跟我想像的狀況完全不一樣。我原本想要做的是高級佛學院的研究，所以去的時候就做好這樣的心理準備。可是我們學院是比較保守傳統的佛學院，他們希望我按照制度，從基礎學院開始。

基礎學院課程為為期八年的藏語學習。那個課是開給誰的呢？主要針對的是六歲到八歲開始學習的小朋友。但我去的時候已經十四歲了，如果讀完八年的藏語學習，我就二十二歲了，二十二歲才開始讀佛學院，這會落後別人非常多。這是那時候我遇到最大的難題，我怎麼解決這個難題呢？這是我下一章才要討論的。

我不要什麼？

不過講到這裡，我想要討論的重點其實是一個我剛剛沒有講到，也沒有解決的問題，就是我的學歷。

就像我說的，我在台灣的學歷只有國中肄業。我記得那時候要離開台灣、前往印度讀書時，我的家人、媽媽，特別是我很多朋友都跟我說：「你要三思。」為什麼呢？「因為你選擇的是一條不歸路。」

想像一下，我那時候才國一，放棄了台灣的正規教育，跑到印度讀書，然而，在印度讀書所取得的學歷將不被台灣的教育部，甚至也不被世界上絕大部分的教育部承認，因為那是傳統的藏傳佛教訓練。假如我讀一讀，最後發現不適合我，只能選擇放棄並回台灣，就等於是一場空，什麼都沒了。

這件事最可怕的是什麼？它最可怕的是你愈讀就愈不能放棄。這就像沉沒成本，因為我付出多了，我就會捨不得放棄，然後愈沉愈深。

每次講到這一段的時候，大部分的人都會問：「你為什麼有勇氣放棄這些東西，追求自己的夢想？」要現在的我回頭為當初的決定找到一個什麼理由，其實是有些困難的。

大家很容易被打破現狀、勇敢追求夢想的故事打動，比如說比爾蓋茲，比如說巴菲特。但是很少人知道，比爾蓋茲的媽媽是ＩＢＭ的董事，巴菲特的爸爸是美國的參議員。所以很多人覺得追求夢想、放棄現有的一切，是很勇敢的一件事，是為自己的夢想拚搏，只要是人，就應該要這樣做。

但實際上不是這樣的。

追求夢想或選擇現實，兩者間的取捨雖然很難，但並無矛盾。我們往往以為追求夢想就是不理會現實，活在現實就是不追求夢想。但實際上，我覺得這一切的開端都來自於一個重點，就是「我到底要什麼」？

「我到底要什麼」是一個大哉問。人生的目標是什麼？我想成為什麼樣的人？這些問題是我們都必須面對的，大多數人都會花時間思考，卻鮮少有答案。在此同時，還有另一個重點是多數人沒有好好思考過的，也就是「我不要什麼」。

像我剛剛說的，我如果得終身出家，那我就不要像某些名僧一樣，很會講課、

當你知道你不要什麼，你才能知道你要什麼。

人緣很好，可是整天都在處理人際關係，而不是做學問。我不要讓我這輩子都花費在處理人與人之間的問題、都在一些比較基礎的佛學上打轉，我想要做更高的學問、做深入的研究。所以，我知道我不要什麼。

當然，我的性格比較強烈，我能很明確地知道自己不可能屈於一般人的生活，我不要這些。而**當你知道你不要什麼的時候，你才能知道你要什麼**。

試著想想，你不要什麼？你希望你三十年之後是什麼樣子？你希望十年之後你是什麼樣子？你不希望你的生活變成什麼樣子？當我們知道自己不要什麼的時候，我們自然會避凶，也會趨吉。而當你知道你不要什麼的時候，面對放棄的過程，你就不會那麼痛。

完成夢想，你需要的是放棄。而且完成夢想不是不切實際，完成夢想恰恰才是最現實的。因為當你內心清楚知道自己不要什麼之後，最後留下來的那個東西才會是你想要的。很多時候，人們必須學會聽清自己內心的聲音。當然，我不敢說我那時候聽清了，但是當時我很強烈地知道那是我要的。

很多時候，我們之所以無法聽清自己內心的聲音，在於我們被各式各樣的「想要」所困住：一方面想擁有穩定的生活，同時又想完成夢想。如果我想要有好的學歷，可是又想要得到好的佛教教育，這是魚與熊掌不可兼得的，但我們就是被一個又一個的「想要」所綁架，才一直活在猶豫和悔恨裡。

在這種時候我會給的建議是：想像一下，你想要的那個目標如果被滿足了，你會變成什麼樣子？那樣的生活是你要的嗎？

達成目標不僅會帶來好處，壞處也隨之而來。比如說，成為一個名僧不好嗎？很好啊，會有各種供養、很高的社會地位、很多的人際關係；但成為一個名僧之後，就會有更多的道德包袱、社會責任，如果必須承擔這些，這是我要的嗎？

同樣的，接受完整的教育很好，而且可以在台灣經歷一般人的童年。但經歷完這些童年之後的生活，就是我要的嗎？至少我當時不這麼覺得。

很多人告訴我：「你如果放棄接受一般的教育，往那裡走，很可能會失去所有。」很多人都說那是一條不歸路，但我從來不這麼認為，我認為我反而是選擇走上我生命中唯一的道路。

因為我只想專心往佛學發展，對其他事情沒有興趣，所以我不「知道」它是不是唯一的一條路，但我「認為」那是我唯一的一條路。

如果一件事情燃不起我的興趣，我卻往那個方向走，就算未來會有再多收入、更多成長空間，對我有什麼意義呢？我沒有興趣啊！

如果我讀了一個自己沒有興趣的學科，就算我未來因此賺了很多錢，那就有如

我們就是被一個又一個的「想要」所綁架，
才一直活在猶豫和悔恨裡。

坐在荒島上，躺在一堆鈔票中間。縱有再好的發展，如果沒有興趣就沒有靈魂，生命也就沒有熱情。

很多人以為，追求夢想的人好像做出了什麼偉大的選擇，其實才不是這樣——我們只不過是選擇生命中唯一一條看起來合理的道路而已，因為其他方向都不是我要的。當那些東西不是你要的，你自然就不會想要。

到印度讀書之後，我回台灣還是會定期跟當年同窗的師兄弟見面，即便到了現在，依舊保持聯絡。透過觀察他們的生活與所學，我知道自己如果在台灣受教育，了不起可能會得到怎樣的學術發展，但那又如何？他們或許獲取了某些學歷，但我不認為他們所受的教育是我喜歡的。這不是批判，只關乎自己喜不喜歡。所以我從來不覺得遺憾。

追尋夢想之所以對很多人來說相當困難，是因為太多人對夢想抱有過度期待，而不知道過程中要犧牲什麼，甚至不知道，有時候完成夢想的結果是會很辛苦、很倒楣的。

所以，當你開始用「我不要什麼？」來過濾的時候，排除掉所有不要的，剩下的唯一答案就會是你的夢想，也會是你的現實。這個時候，你就算看似放棄一些別人覺得珍貴的東西，但你內心會很篤定地知道，這才是你要走的道路。

排除掉所有不要的，剩下的唯一答案就會是你的夢想，
也會是你的現實。

第五章

推翻自我，挖掘更好的自己

踏上自己選擇的道路之後，你會發現，
難題並非來自於外在的環境，
而是自己舊有的成見和恐懼……

藏傳佛教很重要的一個學習系統，繼承自印度佛學的，就是辯論。

當然，它跟現在我們常見的西方辯論制度不一樣。傳統西藏佛法中採用的辯論系統，我們一般稱為因明辯論，又叫作「辯經」。主要採用的方式是：一攻一守，攻方只負責發問，守方只負責回答。

守方回答的空間很窄，只能給四種答案：是、不是、不一定、不成立。所以當他的答案愈來愈少的時候，攻方就占有極大的優勢，因為攻方可以用大量的辯論語言來提問，守方會變得很難回應。

相較於傳統的許多辯論方式，他們要說服的對象是現場的聽眾。然而因明學辯論最大的特色是：它的重點不是在場的聽眾，而是提問者跟答問者本身。因為辯經這個傳統，在藏傳佛法中被認為是用來學習的重要方式。

換句話說，它是故意讓回答的人只能夠在非常有限的空間裡作答，此時他的邏輯會被逼得很猛利。因為當我們有大量的時間闡述，或者有機會閃躲的時候，我們的回應往往就會變得比較模糊，我們會找各式各樣的理由，我們的邏輯會變得比較不清楚。但是當辯論的語言被鎖定在一個很有限的空間時，你的每個回答都必須經過反覆思考才能說出口，這是辯經一個很大的特點。

當有大量時間闡述，或有機會閃躲時，
我們的回應往往就會變得比較模糊。

自由奔放地思考

辯經文化強調的是自由奔放的學術氛圍。

藏傳佛教給我們的教育不是威權體制的教育，這可能是它很大的特色，我們得到的資訊不是由上而下灌給你、不是在叫你該怎麼做。

威權體制的特點，是用恐懼去維護和學習的。就像我們會看到有些人在學佛的過程中一直被恐嚇，那是用恐懼去維護的。但我們在藏傳佛教讀書時的體制是用熱情、興趣、求學之心、自由的心態去維護，這是學風鼎盛的原因。

當我們是用熱情等心態去維護時，遇到問題，當下的第一個反應不是恐懼，想的也不是「怎麼辦」，而是「我要怎麼解決」，這是非常重要的一件事。

我們讀書時，基本上，你只要可以提出一個論點，任何主題都可以被拿來辯論。舉例來說，雖然我學的是佛學，但是在我們辯論的時候，如果你能夠提出一個有效的論點，你想要證明釋迦牟尼根本沒有成佛，這是可以的；你想要舉證自己所追隨的宗派是根本上錯誤，也是可以的。

它具有自由奔放、沒有限制的立論空間。而在這樣的情況之下，配合著被精準定義的辯經語言，產生的結果是：雙方在這個時候必須大量地思考。因為在辯論的過程中，重點並不是要戰勝對方，而是透過對方的論證，進而發現自己的盲點。

我以前讀書的時候，在我們學院中，幾乎每個人都喜歡找特別厲害的學長辯論，特別想要被他辯倒，為什麼？因為我們都覺得，自己提出的論點一定有某個盲點，既然自己不確定、看不到這個盲點，那就必須由別人來幫我指出、由別人來打敗我，藉此發現自己的思維上到底有哪裡不夠完整、不夠全面。這也是藏傳佛法的學術體系之所以可以維持這麼久的原因。

其中，最重要的事情就是：在思辨的過程中要減少價值判斷。

所謂的價值判斷，往往就是我們在論證一件事情時最常出現的陷阱。價值判斷是很直覺、很主觀的，比如說：我們可能下意識會認為某件事就「應該」如何，我們大腦中帶有大量的「應該」要怎麼樣、「理應如何」的固定模組。這個其實就是我們成長過程中被教育的許多價值觀，例如遇到陌生人要有禮貌；大人說話的時候，小孩要安靜地聆聽；我們必須有錢才會快樂；我們得要找到人生的真愛才會幸福等等。

在成長的過程中，我們被教育了太多的「理所當然」。當然，等到我們長大，會學著推翻有些「理所當然」、會開始聽到不同的聲音。但有趣的是，當我們推翻舊有的「理所當然」時，卻又陷入了另一種約定俗成。比如說，本來我們認為，好好讀書才會有好的前途。長大之後，我們也許會反過來認為，讀書不重要，重要的是要有自己的志向。但對於這件事，我們通常也沒有經過思考，我們只是掉入另外一種價值判斷而已。

換句話說，我們就是在一次又一次的「推翻」與「陷入」中生活。我們並不是真心在做選擇，而是在做大量的價值判斷。它並不是我們用邏輯去思考分析出來的，我們是聽到某種新的價值判斷，然後就去擁抱它。盲目地追隨某些價值，茫然地相信某些「真理」，這往往是我們在生命的過程中最常出現的狀況。

當然，我得說，輕易下價值判斷不是不好，這也不是我們的錯，因為這是我們的本能。但是，「辯經」所要學習的，就是減少價值判斷，並且用理論加以論證。剝除舊有的想法，我們的核心價值才會顯現。如果擁抱一個又一個價值判斷，我們所做的選擇、所說的言論，往往就並非真正的客觀。

因此，藏傳佛法很重視辯經教育，也認為辯經是佛學研究得以在藏傳佛法中獲得完整保存的重要原因。

辯論的重點並不是要戰勝對方，
而是透過對方的論證，進而發現自己的盲點。

尼泊爾經驗

離開台灣、前往印度、在大寶法王座下剃度出家、進入藏傳佛法體制學習，一開始，我遇到了一些困難。

我所就讀的學院，依照其體制，學生必須先進行八年的基礎學習，之後再進行十三年的高端學習。我是為了那十三年的高端學習才去的，但並沒有想到要先進行八年的基礎學習，乍聽學院的體制有這層規定，我只覺得一片茫然。

我離開大寶法王在西北印度的駐錫地之後，便去了尼泊爾，那裡是我們學院當時主要的行政體系所在之處，我需要到那裡了解我可能可以有的學習空間。印象很深刻的是，我到達尼泊爾時，來接我的是一個以前就認識的當地朋友，他從尼泊爾的機場，一路載我到我的學院。

我的學院叫作普拉哈里佛學院，是蔣貢康楚體系之中，屬於基礎教育的學院。普拉哈里位在尼泊爾的谷地，首都加德滿都是一個盆地，普拉哈里就在盆地外圍的一座小山丘上面，騎機車上去，路程是有點陡的。我那龐大的二十九吋行李箱，就直接掛在重機的後面。請想像那個畫面：用一根繩子把行李箱掛在機車後面，我們就騎著重機往前衝。這舉動實在非常自由奔放。當我們到達目的地時，行

在思辨的過程中要減少價值判斷。

李箱的輪子都已經掉了。這個回憶畫面至今依舊清晰。

到山上的時間是晚上，當地負責的工作人員事先已經知道我要來，也知道我有意願在這裡學習，所以他們就幫我安排了一間房間，它原本是前任校長祕書的房間，所以我跟在那裡讀書的小朋友是隔離開的。

我去的時候就想著我要讀高級學院、我想要做佛學研究。除此之外，我根本沒有想過：「我要怎麼達到這個目的？」

到了那邊之後，有一些我之前就認識的知名轉世者和仁波切，例如謝立祖古，他也在普拉哈里，我到的那一天晚上就見到他了。那個時候，整個僧團的管理人員對我是比較特別的，他們並沒有讓我跟大眾一起吃飯，而是把我隔離開來，只讓我跟主要的高級工作人員，或者是這些轉世的仁波切們一起用餐。

那頓晚餐是我尼泊爾經驗的開始。晚餐吃的是白飯，可是飯是冷的，主要原因是，我們在尼泊爾的寺院是用瓦斯煮飯，瓦斯是珍貴的資源，當然沒辦法一直開著，因此我們拿到的飯，可能很早就已經煮好，放了一段時間就變冷了。

另外搭配一道叫作 Dal 的東西，它是一種用鷹嘴豆磨成的汁。理論上應該是黃色的，但我不知道他們是不是有加菠菜或什麼，所以每次都是綠的。這些食物就是我們的午餐和晚餐，在普拉哈里的每一餐差不多都是這樣，而且都是涼的。

用餐時的情景我記得很清楚，我先前是在印度見到謝立祖古的，當時他不知道我要來學習，以為我就是一般來朝聖的小孩（雖然他年紀只大我一歲而已）。這次再相遇，他有點嚇到，因為我已經換上喇嘛的衣服，也剃了頭。

他問我：「你是認真要來讀書的？」

我說：「對啊，我來這邊是想要讀書。」

然後他就說：「好啊，我們這裡有一些基礎的藏語佛學學習體制，你可以留下來。」

我說：「沒有，我想要去讀高級佛學院。」

高級佛學院的藏文是「謝扎」，「謝」指講說、講解，「扎」就是僧院。我那時候誇下海口跟他說，我是想要來讀「謝扎」的，謝立祖古當下沒有什麼反應，他的反應很奇妙，只說：「噢，好吧，那你加油。」

接著我就問：「祖古，你接下來的學習怎麼安排？」

他說：「我要去印度佛學院讀謝扎。」

我就問：「今年有班啊？」

他說：「對，我要去讀，而且要跟第四世蔣貢康楚仁波切同一班。」

那時候我很羨慕，心想：「他現在進去讀，他跟仁波切同一班。」大家都知道，仁波切的班級一定會有比較好的教育資源，我那時候想說：「我有沒有機會去讀這一班呢？」但那時候根本就不可能。第一，我藏語還沒有學好；第二，要進到那樣的班級，必須先完成八年的學習，考試分數還要夠高才有辦法進去。所以我那時候其實有點羨慕又有點沮喪，在心裡想著：「不知道什麼時候才可以輪到我去讀謝扎？」

我就問了祖古：「你們謝扎有收外人嗎？」

他嚴肅地看著我，「噶舉派絕大部分的學院都是不接受外人的。」他又補了一句：「會接受外人的謝扎，往往都不是那麼好。」

那時候我產生了類似當初在中埔時的心情，有點像是前面有一塊我想要踏上的石頭，但中間沒有地面可踩，我該怎麼跳過去、要怎麼把道路建立起來呢？

絕對不可能？

後來來招待我的是確吉，他是很重要的行政人員，等於是普拉哈里這裡的祕書長，同時也是一位堪布。

確吉堪布說，他已經收到蔣貢康楚體系大祕書長的指示，說我要來這邊學習，

在成長的過程中，我們被教育了太多的「理所當然」。

他就問我：「你要進行什麼樣的學習呢？」我回答我想要讀謝扎。讓我印象很深刻的是，那時候他抱持一種「這絕對不可能」的態度。

主要原因在於，長期以來，會有許多華人或是洋人前來印度或是尼泊爾各地的佛學院讀書、做學問和研究，通常這會引發兩種狀況：第一，他們都是做短期的，可能一年來三個月，連續來三年，參與這種專門為他們開設的專題研究；第二，他們的行為、習性與作息通常無法融入寺院，晚上可能會離開寺院，到山下找樂子，就算待在寺院裡，可能也會群聚在一起看看電影之類的，或是在客房裡喝酒等等。這些事情對寺院生活與規範是如此格格不入，外人到訪學習，對寺院往往會造成困擾，而不是加分。

但寺院還是希望各國人們可以了解藏傳佛法，便設計一種特殊課程，比如特別為洋人們設計專題，但這種特別設計的專題，就不是在謝扎裡面讀書了。

因此可以想像，對於學院來說，在此之前，是沒有人提出過這樣的要求的。另一方面，對於學院來說，他們的認知就是：外人來，要嘛就是花錢、捐錢，要嘛就是來做一個短期的學習，要嘛就是來搞排場，很少有外國人願意留下來，並且用跟他們一樣的生活方式學習，這是他們沒有想像過的。

在這樣的前提之下，他們對於我的訴求，基本上有兩種反應：一個就是認為我

剝除舊有的想法，我們的核心價值才會顯現。

搞不清楚自己在說什麼；另一種就是覺得，我頂多三分鐘熱度而已。所以那時候在普拉哈里，我跟我認識的人，包括確吉還有謝立仁波切說，我想留下來，我想去讀謝扎，他們都給了我一個不置可否的反應，就是：「嗯，你試試看吧。」那時候，是二〇〇九年二月。

藏文學習密集班

我抵達學院沒多久，大概第二天、第三天的時候，確吉堪布就幫我安排了一位藏文老師。我之前在台灣曾經學過一點基礎藏文，但那時候確吉跟我說：「不行，你要全部重來。」他就幫我安排了一位照顧第三世蔣貢康楚仁波切靈塔的喇嘛，這位喇嘛的主要工作就是在大殿裡面照顧那座塔，所以由他負責教我藏文。

學習的方式是一對一的藏語教授，主要是學習大量的閱讀。對於外人來說，藏文是需要花很多時間的語言，而在傳統的藏人教學體制中，第一關就是學閱讀，所以我就在他的指導之下學習閱讀，而那是非常枯燥的。

我當時每天都花至少十二個小時在閱讀，它有一個專有名詞叫「拼讀」，就是用拼誦的方式去讀它。從那段時間開始，將近三個月，我的作息基本上就是每天練習拼讀，如果寺院有特別的活動，我就參加。

那段時間，有時候會想偷跑下山，或者想去寺院的合作社吃個東西。那時寺院有一間合作社，主要原因是：普拉哈里是一座非常漂亮的寺院，很多加德滿都的尼泊爾年輕人度假時會來這裡拍照，為了賺一點外快，所以寺院有一間合作社。

合作社主要就賣兩種東西，一種是印度傳統的三角餅（samosa），另一種就是，把印度當地的泡麵 waiwai 用煮的，再加上一顆蛋。我那時候很窮，身上沒有什麼錢，所以也不敢亂花，除了寺院給的三餐之外，如果有機會，就去吃一顆 samosa，那時候覺得最開心的就是這個。

確吉堪布對我很是嚴格，他告訴所有的僧侶，不要讓這個人（也就是我）步入僧團中，也不要讓這個人在合作社裡走來走去，這都是浪費他的學習。我當時就在這樣嚴格的情況下，花三個月的時間，很密集地讀藏語。

素麻婆豆腐和酥油茶

但我先天就是一個比較皮的人，我就是會在每個地方努力想找出一些變化。舉個例子來說，我記得那時候有一個要好的朋友，一位曾經來過台灣的喇嘛，他叫作隆瑞克，他當時是寺院的糾察，負責管理秩序，所以他有比較大的權限。那時我們是不能隨便下山的，如果要下山，就必須寫請假單，於是我都會拜託他，如果下山，就幫我買一點什麼東西。

當時我一來沒錢；二來，下山再上山的路程很遠，會非常疲累；再加上我那時候又有很密集的拼讀功課要做，所以沒什麼機會下山。在這種情況之下，我就會委託他們下山時順便幫我買東西。

主要是買什麼呢？就是買素食的麻婆豆腐！

加德滿都谷地裡面有一家餐廳叫作白財神，是一家賣藏菜的餐廳，這家餐廳裡面有一道素的麻婆豆腐，那是最解我鄉愁的東西。那時候很想家，很想吃華人料理。我至今還記得它的價格是一百尼泊爾盧比，依照現在的匯率換算，大概是三十幾塊台幣。那時候如果有人要下山，能夠幫我帶回一份麻婆豆腐，就已經是極大的恩賜了。

我們每個星期都休息一天，如果一切順利的話，我那一天就可能會跟學長，或者是寺院裡較為年長的人下山。下山最大的盼頭就是去白財神吃一頓飯。除此之外，每天在山上，我們吃的東西幾乎都一樣，就是冷飯配 Dal，或是冷銀絲卷配 Dal，那時候最大的期待就是可以吃一頓好吃的。大概就這樣過了三個月。

除了每日的拼讀之外，因為普拉哈里是一個基礎的寺院，會有一些基礎藏傳佛教的儀式要學習，基本上每個月都會有為期一週的大法會，叫作竹千。

竹千這種大法會非常要命，在那一週裡，每天都是從清晨三、四點，進行到晚上六點。而除了清晨三、四點到晚上六點這個訓練外，還要加上一個變數，就是：那時候我是完全不懂藏語的，雖然開始懂得拼讀，可是能力還非常差，所以在參加竹千的時候，我基本上什麼都做不了。

第一次參加竹千，大概是在我去了之後不到一個月左右，而且對我來說是一個很意外的情況，有一天我的拼讀老師突然跟我說：「明天開始有七天的竹千，確吉說你要去，所以你就要去。」我那時候根本搞不清楚狀況，就乖乖地去了。參加之後，就跟著一早進去，然後完全沒事做，也沒辦法念，因為根本什麼都不懂。唯一能做的事情是什麼呢？就是每隔三個小時左右，他們會來發一點吃的，例如酥油茶，或者給一點用麵粉做的餅，但是嚐起來完全沒有味道。

那時候既然沒事幹，唯一能做的就是喝酥油茶。我很愛喝酥油茶，覺得喝起來鹹鹹的，帶有一點酥油的味道，而且喝了會讓身體很暖，所以我就大量飲用。但我們的腸胃根本無法負荷酥油茶這種東西，前一兩天還很正常，到第三天我就陣亡了，開始上吐下瀉到失去靈魂。吃了再多退燒藥都沒用，只覺得自己快死掉了。我記得那時候是大熱天，但即使披著很厚的披巾，我還是覺得冷，病到這種地步。

那時候我十五歲，身體還很年輕，大約休息了將近一星期的時間就好了。那段時間幾乎不太能進食，整個人瘦了一圈。

即使道路未明，也要奮力前進

之後我們的大祕書長就從印度回來了。見到大祕書長時，我告訴他說：「我是想要來讀謝扎的，我想要完成謝扎的學習。」當時我內心的期待是：他是大祕書長，他來了之後，如果我跟他溝通有效的話，應該可以有一些空間，應該有機會能爭取一些權益。

我之前見到的是普拉哈里的祕書長，他是一個很嚴厲的人，我那時候期望大祕書長能是一個比較寬鬆的人，結果剛好相反，大祕書為人更加保守、頑固。

我見到他的時候，原本滿懷希望地跟他講了我的想法。我說我知道一般要讀八年的藏語學習，但我有先天的優勢跟弱勢。優勢是我受過一般的教育，我是都市小孩，所以我在學習上面，有一套自己的方法論，會比較好掌握；我的弱勢是我有簽證問題，比如說尼泊爾當地，觀光簽證是不能待超過五個月的，我們寺院也無法申

盡力嘗試，失敗就再來、再來、再來，
直到找到能夠成功的邏輯。

請到學生簽證。在這樣的情況之下，我覺得我沒有辦法照著這個八年制度學習。

那時候我就請教他：「可不可以讓我在很短的時間就進入謝扎？」

他看著我說：「你知道我們的謝扎是整個教派裡面最好的謝扎嗎？」

我說：「我知道。」

他說：「那你覺得可以這樣輕易進去嗎？」

那當下我的情緒非常複雜，不知道該怎麼辦。聽他的語氣，好像是在告訴我：「你就是要在這邊讀完八年才能去。」

這件事情就真的不了了之。主要原因是，那時候我的簽證快到期了，尼泊爾的規定是一年最長可以待一百五十天，單次簽證最長是九十天。我是二月進去的，差不多五月底就必須離開。就這樣練習拼讀三個月，我便回來台灣，大概休息不到一個月，我又去了尼泊爾。

再次前往尼泊爾，對我來說是一個很忐忑的經驗，因為我不是很確定能不能照著我期望的方式學習。這種時候，不確定感會很強烈，因為前面已經放棄很多東西了，原本期待它能按照自己的想像發展，結果完全不如預期。

二〇〇九年的五月、六月，我回到尼泊爾，就跟大祕書長說：「我想要做謝扎的學習。」我還是很堅持自己想要讀佛學院，而不是為了學習基礎的藏語拼讀而來，我說：「如果你覺得這是必要的話，我可以先在我的國家把藏語學習到你覺得滿意的水準後再來。但我不想花時間、花簽證，待在這裡做基礎的藏語學習。」

很有趣的是，當時大祕書長不置可否地對我說：「你先去一下印度的學院吧。」

那時候我很訝異，想說：「要我去印度的學院幹嘛？」然後他告訴我：「你不是簽證時間不夠嗎？那你先去印度的學院吧，印度的簽證比較好拿。」

所以我就在朋友的陪伴下，從尼泊爾的加德滿都，坐了十幾個小時的夜車，到了印度跟尼泊爾的邊境。過了邊境之後，再坐五、六個小時的吉普車，上到蔣貢康楚體系在印度的學院，就是這所謝扎，它的名字叫作拉瓦謝扎。

在印度受到特別待遇

拉瓦謝扎做的是高級佛學的研究，就是所謂的佛學院的研究。佛學院的研究在藏傳佛教主要分成兩塊，就是中級學科跟高級學科。以我們佛學院來看的話，中級學科三年，高級學科十年。

到那邊的時候，就見到我熟悉的面孔了，包括謝立仁波切、第四世蔣貢康楚仁波切，還有後來跟我很要好的一個朋友確印仁波切，他們是我們佛學院那時候三位主要的仁波切。他們跟我年紀相仿，確印仁波切跟謝立仁波切大我一歲，蔣貢康楚仁波切小我一歲。他們那時候已經開始讀謝扎，如同我年初見到謝立仁波切時他告訴我的，今年他們要開始讀第一年了，所以那時候已經是一年級。

我到的時候，拉瓦寺院的祕書長就接到大祕書長的交代，幫我安排了不錯的環境。他幫我安排一間獨立的房間，也幫我安排了教藏語的老師，而且我不是跟僧眾們在一起用餐，我是跟老師們和仁波切們一起用餐的。在那樣的環境之下，學習藏語的口語。

我在先前三個月的時間裡，做了藏文的拼讀練習；此次為期大概四個月的時間，我最主要就是做口語跟文法的學習。在這四個月裡，我的作息基本上就是每天一堂拼讀課，他們安排由一位資深的學長來教我拼讀，另外一位資深學長來教我文法，另外一位學長來教我口語，所以總共有三位學長來教我不同的主題。

但老實說，我那時候並沒有好好珍惜。主要原因是，我那時候有點像是「吃著碗內，看著碗外」，因為我每一天都聽到學長們在辯經，都聽到佛學院那些人在討論的聲音，然後整所佛學院裡面我最奇怪，因為其他人全部都是佛學院的學僧，只有我一個是在這裡學藏語的。

我們常常把自己看得太過重要，所以很在意別人的看法。

當然，可以看得出來，其實他們對我很寬容，也很努力在教育我。他們雖然沒有說，但其實就沒有讓我按著這八年制度修學，而是找人給予我特別的教育，所以我每天就是上三個小時的藏語學習，還有基礎的佛學，總共四個小時。

基本上，他們對我是比較特別的。首先是把我隔離出來，沒有跟僧眾們一起過日子。早課、晚課我得去，然後就在那裡學習。我那時候並沒有意識到，這個學習安排是為我設計的。一方面，我算是聰明的人，所以老師教的東西，對我來說不難；另一方面，我是一個比較好強又好學的人，所以那時候就一直對「學長們在幹嘛」很有興趣。

因此，老師們會對我留下一個印象，就是：這個人不太安分。我明明做的是藏語學習，可是我不是乖乖在學習，每次學長們幫我上課，我都跟他們討論，到底他們在讀什麼？就是沒有好好做好我本科該學的基礎學問。

我那時候是跟仁波切他們一起用餐、起居。基本上我們吃的東西是什麼呢？其實跟在普拉哈里是一樣的，只是當我跟仁波切們一起用餐時，桌上會多一道菜，但這道菜一般都是蒲瓜這種東西，而且每天料理千篇一律。而這樣，已經算是受到比較特別的照顧了。

但我是沒辦法過團體生活的那種人。比如說，大家可能七點就要吃早餐，但我就是不會準時七點到那裡吃早餐，我可能今天七點鐘就是不想吃早餐，八點才想要吃，所以七點就不會去吃，然後八點時跑去合作社覓食。我屬於不受團體生活約束的人。與此同時，祕書長一直在觀察我，看我到底能不能融入團體生活。

經過四個月的學習之後，我的藏文口語變得非常流利，後來完全不需要用英語溝通，也就是我藏文口語已經流利到跟同學們討論問題時，可以全程使用藏語。

對大祕書長嗆聲

我讀的拉瓦學院位於一個叫作涅歐拉國家公園的地方，地點在印度的東北角，靠近錫金、尼泊爾、不丹、中國的西藏，處於五個國家的邊界。冬天時格外寒冷，平常則不斷下雨，到冬季，大概十月、十一月的時候，大部分的人都會撤離，只會留下少數人住在那裡。

十月時，因為我已經完成四個月的口語練習，便回到了尼泊爾。

回到尼泊爾之後，我就在那裡待了一兩個月，繼續我的口語練習。當時我還是「不守規矩」，甚至變本加厲。因為我永遠對別人在學什麼比較興味盎然，對於自己在學的比較興趣缺缺。同時我又是一個不遵守團體規則的人，所以那個時候，我們的祕書長心裡頗有微詞，他們覺得我就是一個不守規矩的人。

二〇一〇年二月，我回到台灣，再次拿到簽證，來到尼泊爾時，我已經完成一年學習了，而我印象非常深刻，再見到大祕書長，他可能剛聽完所有老師對我的抱怨，便忍不住對我大聲咆哮。

他吼了一句：「You've got no sense!」（「你真是搞不清楚狀況！」）

我也非常憤怒地對他大吼，我那時候跟他說：「你見過有誰在一年之內可以把藏語學好的？你見過這樣的人嗎？」我說：「你不能以一般世間的評價來論斷我。」

他那時候還是非常憤怒，他說：「我們接受你來，是因為我們知道你有在漢傳佛教待過的背景，我們以為這樣的背景能夠讓你對我們的僧團產生正面影響。可是你來了之後，我們給予你特別的照顧，卻發現你不是一個很守規矩的人，這樣對僧團是不好的，這樣對團體管理是不好的，你這樣是不行的！」

原本大祕書長還在裝模作樣，他坐在我對面，旁邊還坐了一位負責翻譯的喇嘛，但我那時候完全聽得懂藏語，不懂他找這個喇嘛來幹嘛？所以我就直接用藏語跟他對談。原本他先講一句藏語，然後要那位喇嘛翻譯成中文和英文，但我就直接用藏語回他。到最後他忍不住了，他忽略那位喇嘛，變成我們兩個用藏語在對罵！

基本上我想強調的點是：「你拿我跟別人比是不合理的，我不是一般人，你怎麼拿我跟別人比呢？」然後他就說：「你就是不守規矩。」後來他告訴我：「我給你三條路選擇。要嘛你就像那些老外一樣，來這裡繳錢（我讀書那一年是沒有繳錢的），然後上這種設計給老外的課程，你就跟一般人一樣，我可以接受。要嘛你可以住在佛學院，你自己下山找地方學藏語，我不再管你的教學了。要嘛你就完全融入僧團的生活，跟一般僧侶一模一樣，過這樣的日子。你三個選一個。」

我那時候義無反顧，直接說我要第三個。我說我才不要什麼老外的生活，我來這裡就是為了讀書的，你要用管理僧團的方式管理我，沒問題。而他也是啞口無言，就氣得走掉。但事後知道，他其實是一個心胸寬大的人。

當時我用這樣的方式「抗爭」，其實也是因為藏傳佛教的環境提供了很大的彈性，所以對抗並不是不好的事情，況且，如果當時我不試著衝撞，長大之後就更不會去嘗試了。而讓我最佩服的其實是當初帶我的老師與學長，他們有很大的包容性與耐心，因此後來當我自己成為學長、開始帶學生之後，我也認為自己應該要和他們一樣。

再痛苦也要堅持

在那之後，還是簽證這個老問題，所以我又去了一趟印度。當時內心也是有點忐忑不安，不知道我的學習體系之後會變成什麼狀況。那次去印度搭的是飛機。跟我一起的堪布，也就是我後來的老師，同時也是拉瓦佛學院的院長，我們一起搭飛機過去。

那位老師非常矮，大約就一百五十幾公分，非常矮的一位印度人，眼睛炯炯有神。他的藏語，早些年在藏傳佛教學得很好。我跟他一起搭飛機到了印度跟尼泊爾的邊境，從那裡轉車上山，大概坐了四、五個小時的吉普車才抵達學院。

抵達之後，我不是很確定接下來會怎麼安排。到了第二天或是第三天，學院的祕書長就把我叫去，跟我說：「從明天開始，你跟著仁波切的班旁聽。」當下我整個傻住了，跟著仁波切的班旁聽代表什麼呢？你想想看，二〇〇九年的時候，仁波切的班在一年級，二〇一〇年的時候，仁波切的班在二年級，但我根本沒有一年級的基礎，也沒有打完那八年的基礎。

據我所知，祕書長雖然當時很生氣地拂袖而去，可是他後來轉告別人，他從來沒有見過一個人，可以在這麼短的時間內把藏語學好，可以不用擔心這個人的智

我們只看到別人的得，卻沒有看到別人的失。

商。而且後來某一天，我剛好有個機會問院長：「為什麼我會在這裡插班？」他告訴我：「是大祕書長講的。」我那時候嚇到了，因為大祕書長跟我講話的時候，都臭著一張臉，結果他卻幫我安排了一個我夢寐以求的東西。

二〇一〇年，我等於插班二年級到仁波切那個班級。

那一年是我讀書生涯中，有史以來最痛苦的一年。因為他們已經有一年的基礎，我沒有；其次，在之前他們有八年的藏文基礎，我也沒有。一般日常生活的藏語跟研究佛學的藏語是截然不同的。研究佛學的藏語，你可以想像成一種學術語言；一般日常生活的藏文，就像我們在打屁哈拉的這種語言。它們在用詞上是完全不同的。第三，那一年他們讀的是一個本來就非常複雜的主題，必須先修過至少三門先修課程，才有辦法搞懂。

我記得那一年，我讀書狀況是這樣的：在上課之前，我每天都會把講義上的每一個字拿去查字典。查了之後，我還是不知道內容到底是什麼意思。它是非常複雜的佛學術語，我根本不知道它的定義，因為在那之前，我完全不懂佛學的邏輯，以及做佛學研究的視角。

那一年讀的是一部叫作《量理寶藏論》的著作，研究的是因明的一個重點學科。一來，我搞不清楚大家在幹嘛；二來，那本書來到我面前，我把它翻譯成中文，但還是看不懂；三來，我那時候藏文文法非常爛，根本不知道他們在幹嘛。後來我嚴重懷疑，那一年是不是為了讓我打退堂鼓的？

但我那一年很堅持，每天至少把講義拿出來複讀十次以上。而且從那一年開始，我每天晚上基本上是不躺下來睡覺的，我都是坐著，看書看到睡著，醒過來之後繼續看。為什麼要坐著看？因為我要查大量的資料。當時我是唯一一個被准許使用電腦的學僧，因為我要查資料，我得要有網路，好搜索到底哪些東西對我這個學習是有幫助的。

對從小就是資優生的我來說，這是第一次在學習上遇到這麼艱難的狀況。許多人遇到挫折時，都會有很大的不安全感，或是要花很長的時間調適，但對我來說，如果有挫折感，那就要想辦法克服它。就像我在上一章說的，一定要去嘗試，失敗的話就再來、再來、再來，直到找到能夠成功的邏輯。

這個過程其實是一種樂趣。遇到挫折、遭遇失敗、聽到自己不知道的事情時，其實都是樂趣——親自處理一件從來沒有處理過的事情，這不是樂趣無窮嗎？就好像在送禮時，比起外面隨處買得到的禮物，我們往往都會覺得自己親手做的禮物更為珍貴一樣。

因為我很敢！

辯經是藏傳佛教很重要的教育方式，我們一天上課大約三小時，上的是不同主題；但是我們的辯論時間，一天至少會花上四小時。而且我們讀書的時候有一個公論，就是：晚上七點到九點這場辯論結束後，只有最爛的學僧，或是低年級裡面最菜的學僧，才會在九點離開。大家都至少要待到十點、十一點，那才是正常的狀況。

那時候我們辯論的學風很盛。在佛學院時，基本上，辯論有分幾種：一對一、多對多、多對一。基本模組一樣，就是一個攻方、一個守方。一對一的辯論比較像是練習，屬於臨機的。比如說每天早上那段時間都是一對一，就是隨意選一個對手，然後選一個你想討論的主題，之後就開始跟對方進行辯論。是比較簡單的辯論。

我在那邊的時候，學院每天早上安排進行的是一對一辯論，晚上七點到八點左右是班級裡的多對一辯論，也就是我們班裡面，大家輪流練習。星期天進行的則是全學院的多對一，也就是全學院的人都會來聽。

剛開始的第一年，我是沒有辯友的。首先，他們覺得我不會辯論；第二，因為辯友的名單是在年初便安排了的，而我年初的時候根本還沒有加入，也沒有參加上

何必為了別人茶餘飯後所說的一段話，決定你的生命？

一年度的考試，所以沒有被排進去。

但我們班的教育資源特別好，也承受最多關注，主要原因就在於第四世蔣貢康楚仁波切，以及另外兩位仁波切都在我們班，所以我們班那時候就等於是一個豪華陣容，屬於「傳說中的一班」。

關於那一年，我只記得我非常辛苦地閱讀，然後慢慢變得愈來愈強。最有趣的一次是在某個週日晚上多對一的時候，當時我才剛加入旁聽三個月，根本搞不清楚狀況。當時我們班有一位仁波切坐在我旁邊，場上有人在進行多對一的質問，我們可以幫攻方或幫守方，同班的人可以在中間插手。結果那位仁波切就幫守方回答，而因為這件事，就引來了一位學長幫攻方進攻，而且那位學長非常厲害，得過好幾次我們教派中的辯論獎，他質問的氣勢很凶，每次只要被他問，我們都很緊張。

他質問了我的這位仁波切同學，也就是謝立仁波切，雙方一來一往，眼看謝立仁波切愈來愈答不出來，我那時候就跳出來想幫他講話，回答攻方說：「你這個論點不對！」之後全場大笑。

首先，我那時候根本不懂辯經語言；第二，他很多用詞我完全聽不懂，所以他攻的時候，我每講一句話，全校一百多個人就會大笑，不斷地大笑。

後來另一位學長來進攻我，他就問我「洋搭巴」，這個藏文的意思是「真實」，但因為我那時候藏文爛到根本不懂這是什麼意思，我還反問他：「什麼是真實？」所以我的同學們都笑到快崩潰。

但是離開的時候，我們佛學院專門教辯論的老師卻跟大家說：「他以後會有很好的成就，因為他很敢。」這件事我到現在都忘不掉。

從那之後，我就從原本的旁聽，轉而積極加入辯論。這個過程中最重要的是什麼？就是不要怕丟臉。以前老師常常跟我們說：「你只有兩種選擇，要嘛就是在佛學院裡面丟臉、把臉都丟光；要嘛就是到外面，在日常生活中，遇到各式各樣的問題，然後丟臉。」

這是從我開始加入這個佛學院體制，到二〇一〇年為止，同時開始慢慢磨練我辯經技巧很重要的開端。從那之後，我等於就是融入成為這所佛學院的一分子。

在我的這一段學習歷程中，我覺得很重要的一件事情是：很多時候，我們做很多事情都不是為了自己，而是為了別人。比如說我是為了贏過誰而去做這件事；我是為了證明給誰看，才去做這件事；我是為了嗆誰才去讀這些東西；我是為了證明什麼，所以才去做這個選擇。

可是我到現在都還深深記得我老師說的那句話：「要嘛你們就在課堂上丟臉，要嘛你們就到外面去丟臉。」

別太自以為是

我常常跟我的朋友講，我們太自以為是了，往往覺得自己好像會引起別人很多的注意。我前陣子接受一位記者採訪時，他問我：「你會不會覺得，如果有一天沒辦法繼續為佛法貢獻，會很可惜？」我告訴他：「不會，因為人太自以為是了，我根本不算什麼，我沒有辦法為佛法貢獻的那一天，還會有別人為佛法貢獻。」

我們常常把自己看得太重要了，所以很在意別人的看法。當然，從基因論上來看，這也是很合理的，人類社會早期發展的時候，是一個小社會發展，所以你要在意別人的看法，才有辦法在小社會中生存。

可是，我們很多時候都想著別人，而不是自我。想著別人是我們的本能，就像我剛剛所說的，那是基因所導致，我們可能會在意別人對我們的看法，我們想要勝過別人，我們想要如何如何。但是每個人有自己的生命跟自己的故事。

像我自己做 YouTube 頻道，此書出版的時候可能有超過二十八萬人訂閱，作為一個知識型的 YouTuber，這已經算是不錯的數字了。但有時候看到一些娛樂型網紅有五十萬人訂閱，我內心也會羨慕啊，我們往往會如此。可是我卻沒有看到，我要經營這二十八萬人訂閱的頻道，可能一個月需要花的時間是十小時；他要經營那五十萬人訂閱的頻道，一個月得花的時間可能是一百個小時，甚至不只。

我們只看到別人的得，卻沒有看到別人的失。追根究柢，每個人做的選擇都有得有失，而在這樣的情況之下，我們怎麼有辦法跟別人比較？我們唯一能夠比的，是跟過去的自己做比較。當然這只是一個例子，我的重點是：跟別人比較毫無意義，過度在意自己在別人眼中的角色毫無意義。

從我老師告訴我這件事情，我引伸出一個很重要的看法是：「何必為了別人茶餘飯後所說的一段話，來決定你的生命呢？」會把你的事情拿來做討論，會糾結在你的一些表現，或糾結在你的選擇的，往往都不是為你生命負責的人，只有我們自己必須為自己的生命負責。

而當我們意識到，必須為自己的生命負責時，現在的丟臉、現在的失去，其實不過只是一個暫時的過程。就像我剛剛舉的例子一樣，在佛學院裡面，在一百多人面前，我那時候不懂藏語，甚至什麼都不懂的情況之下，要站起來說話，是很困難的。但我覺得我就是來學習的，我就是要來把我的學問做好，那我怕什麼呢？當然，另外一方面可能是我年紀還小，那時候我是我們整個佛學院裡，除了蔣貢仁波切之外，年紀最小的學僧。

所以，戰勝別人不是容不容易的問題，而是沒有必要。在古代社會，可能為了要搶奪資源、為了生存，我們必須戰勝別人。但是只有戰勝自己，才是我們能夠活出自我的唯一方式。

而戰勝自己的方法，就是要去推翻舊有的恐懼、推翻舊有的自我設限。只有透過這樣的推翻自我，你才有辦法挖掘出更好的自己。

推翻舊有的恐懼與自我設限，才有辦法挖掘出更好的自己。

第六章

認清「一種現實，千萬種觀點」的價值選擇

我在修學藏傳佛法時所受到的核心教育一直重複教導：「一種現實，可能有千萬種觀點。」若能認清現實與觀點，對「建立自我」很重要的一個影響是，你會開始反躬自省……

我為了學習藏傳佛法而來到印度，一開始雖然很不順利，但就像我先前提到的，我從來就不相信有什麼事情可以阻擋我，凡事都有可能，只要湊齊讓它發生的條件就可以。

我習慣每到新環境、認識新人、著手做任何事，都先觀察別人的需求。假如我能夠讓大祕書長相信，培養我這個學生能帶來助益，他們自然就會接受我、讓我加入，也就是說，只要我能證明我的藏語不只跟得上，甚至我未來還有機會成為華語翻譯、對學院有所幫助，我想加入學院學習的願望就有可能成真。體制？誰說體制無法衝撞或突破？人只要活著，就有可為之處；只要堅持，什麼都可以磨得出來。

在印度學習藏傳佛法這些年，不只讓我深入五大論典，對我個人的思維方式、判斷模式、人格核心，都有了很大的影響與改變，這一切都跟藏傳的教育方式有關。

我以前是漢傳出身，漢傳佛教在台灣向來採用威權、教條的管理方式，所以我去印度念書之前，腦袋裡塞滿了許多威權的概念，師長大多只會告訴你「就是這樣」，卻從來不會好好講解始末。

但到了印度，教學方式卻完全是另一種風貌。

鼓勵學生表達的治學特色

前面提到過，我剛到的第一年，幾乎全部的時間都花在密集學習藏語，每次上課，都會經過第四世蔣貢康楚仁波切所在的班級教室，裡頭總是吵吵鬧鬧的，好像所有人都在吵架，音量大到總讓我忍不住好奇，攀在牆邊觀察他們究竟在做什麼。

第二年我正式加入班級，才知道，課堂上的氣氛，和老師的教學方式有很大的關係：上課時，老師往往會拋出一個荒謬的理論，或完全違背我們思想的論點，例如佛陀根本沒有成佛，而是下了地獄，讓學生譁然，覺得這也太離譜，爭相辯駁，達到引導學生勇於表達自己看法的目的。

那時候老師常說，鼓勵學生表達是藏傳治學一個很大的特色，在學習過程中，你一定要把學到的東西說出來，如果只是聽而不試著表達，就算老師在課堂上講了再多，那東西永遠都不會變成你的。只是過往我們都害怕自己說錯，擔心說得不夠完整，所以不敢表達，在這時候，老師就扮演了非常重要的角色。

因為我們班算是比較特別的班，班上有很多在教派安排下，以後會被培育的菁英，所以師資相對會好一些。上課時，老師們也會優先詢問仁波切、未來的轉世者對各種議題的看法。至於我，因為我一開始根本沒辦法跟上課程，只能旁聽，但我

人只要活著，就有可為之處；
只要堅持，什麼都可以磨得出來。

屬於會認真寫功課、問問題的學生類型。當我慢慢可以跟上之後，有一次，老師在課堂上詢問：是不是所有人都有覺悟的可能性？是不是每個人都能覺悟？

這個問題牽涉到理論與實務兩個層次，老師認為，就理論上是有其可能性的，但在實務上，也許因為某些特定因素、時空環境等等，有人會因此放棄追求覺悟。

但我持有相反意見。

問過班上幾位仁波切的想法之後，老師才問有沒有其他同學想要分享看法，我就立刻舉手表示自己做過功課，想要講述我的看法，於是我就把我準備好的內容念出來。

我主要有三個老師，傳授觀點的這位老師是禪師出身，個性相對暴躁，他有個習慣，只要脾氣瀕臨爆發邊緣，就會不停搓手上的念珠。

隨著我開始高談闊論，我發現老師漸漸顯露無法忍受的態度，手上的念珠愈搓愈快、愈搓愈大聲，我幾乎可以感覺他的神經就要斷線，好像隨時就要大聲駁斥我。我愈講心裡愈毛，如果他不認同我的說法，是不是就要把我大罵一頓？

但他完全沒有打斷我，就這麼手持念珠聽完我的論點。等我講完，他還花了三十秒時間平靜情緒，手上仍不停搓著念珠。之後，他放下念珠，沒有任何評論或駁斥，就只是建議我回去之後應該再讀哪些書，並且交代，等我讀完了再來討論。

■

應當重視現實，甚於重視個人的面子跟觀點。

這種學習經驗對我產生幾個重大影響，一個是心態上轉向能勇於表達。以前在台灣所受的教育，或傳統學習，大家普遍認為，學習就是吸收知識而已，在沒有完全學會、似懂非懂的時候驟然發言，講出來的東西可能是錯的、不完整的、會被指責的，所以大家都不敢說；然而，歷練兩種不同的學習風氣之後，我反而覺得，說出口更是一種學習的過程。

另一個影響則是尊重。這次的經驗讓我體會到，老師們不會讓自己被當下的情緒牽著走，他們都致力於營造一個可以讓學生自由說話的環境，給予你得以擁有自由意見的空間，不會因為彼此的想法不同而妄加評斷，將自己的觀點強加到學生身上，老師們從來不說這樣的觀點有什麼不好，只會建議學生該如何表達、從哪裡著手以求更深入的研究，之後再來討論。

身教傳達的訊息跟態度遠勝具體的教學內容

事後回想，我能在印度惡劣的環境裡熬上好幾年，跟老師們給予的教育有很大的關係。以前念書時我們都會說，看老師就能知道你以後會變成怎樣的人，老師就是你的典範，特別在佛學裡面，我們會說你的老師就是以後的你。換言之，你想不想跟這個老師學習，第一個要問的就是你以後想不想變得跟他一樣。這裡指的當然不是物質生活，而是他的精神狀態跟心理狀態，我看我的老師們每天都很快樂，即便在辯論場上被學生虐殺，也都面無表情，心理狀態顯得很放鬆、非常自在。

我讀書時的三個老師，兩位學者，一位禪師，三個人的個性天差地別，但有一個共通之處：重視真理甚過個人，如果可以把學生推得更貼近真理跟真實，他們會發自內心感到歡愉。

禪師出身的老師教的是觀點，用佛教術語來說，就是內明。課堂上，多半在修學各式各樣的經論，我們常常就是拿著一部論文狂啃，而且這位老師的記性非常好，他會突然點你起來，問：「去年某月某日我講某個主題的時候引用某一部論，那個論是什麼？」上他的課其實壓力不小。正因為觀點課是他的強項，當我發現他居然能夠容忍、接受別人說出跟他完全不一樣的觀點時，才會那麼驚訝。

他上課雖然有點無趣，卻是用身體行動來帶領學生的那種老師。課後時間，他大多在禪修，或閱讀有助禪修的文獻，我們幾乎很少看到他出來跟大家嘻嘻哈哈，或者出去外面玩。藏曆新年的時候，大家都會穿上新衣服以及華麗有絲綢的皮靴，只有他跟平常一模一樣，腳上還是穿著拖鞋；藏人因為有喝茶的習慣，非常重視碗，通常會趁新年汰舊換新，就只有他的碗數十年如一日，用到底部都脫色掉漆，露出原本的木頭顏色了，他還是沒有更換。他完全就是我們想像中的修行中人，重視修行、承諾甚於外在物質的一切；鼓勵學生自由發展個人的觀點，甚於建立以自己想法為一切依歸的學習風氣。

我另外一位學者出身的老師專門教辯論，個性相當溫和，我還記得我上他的第一堂課時，他問我叫什麼名字。我的藏文名字 Gyesang 比較少見，另一個常見的名字是 Kalaang，老師聽了我的回答，客氣而溫柔地說：「你可能講錯了，你應該是叫 Kalaang 而不是 Gyesang。」當時我一聲不吭，但第二次上課時，我就故意把我得到名字的證書影本拿給他看。他那時候什麼也沒說，卻在課堂上慎重其事地當著所有同學的面致歉，說他錯了。我整個人嚇到了，本來以為他會摸摸我的頭就過了，但他沒有。從這件事情上，我感受到他的身教傳達出的態度是：重視現實，甚過個人的面子跟觀點。

這個態度也展現在辯論場上，辯論時，我們經常引用經論中的觀點，因為經論繁浩，難免有誤記的時候，加上辯論時你來我往，也未必大家都能發現引用時的錯誤。但老師會回頭檢視自己在辯論場上所說的內容，當他發現自己可能錯誤引用時，他會再次確認，如果證實有誤，他是會道歉的，即便沒有人發現這個錯誤、以此質問他，他始終堅持忠於現實。

我到學院之後，只跟這個老師學習了一年，之後他就因為要閉關三年而離開。他離開之前，我問他：「你要走了，以後會不會再回來？」他的回答讓我印象深刻，他說，如果可以的話，他會再回來，並且希望他回來的時候，我可以在辯論場上重挫他，「我等著你來虐殺我。」我不覺得他說的是客套話，他甚至把他以前讀的兩本書送給我。

這兩位老師透過身教，營造出重視真理甚過個人的氛圍，當你活在這種氛圍中，就會自然而然地心向真理與現實，自然而然地覺得，我可以去做這些研究，是很開心、很榮幸的事，是被鼓勵的。

把生命的研究重點拉回自身

所謂「宗義」指的是佛教重要的宗派思想。這是我在印度所學的第一門課，同時也是我最喜歡的一門課。學習宗義，我獲得許多啟發，一是忠於自我；二是對「現實」與「觀點」的新體悟；三是確立信念後，不可以鄉愿。

談論我的獲得之前，必須先定義什麼是「現實」與「觀點」，舉例來說，「冰淇淋是牛奶做的」，這是現實，客觀存在，無從爭辯；「冰淇淋很好吃」則是觀

所有人都走在同一條道路上，
所謂的完人只是走得比較前面，卻不是在終點等著我們。

點，主觀判斷，每個人的看法不一而是。

在佛教的四部宗義裡，有說三界唯心造，也有說一切法皆空無自性，各派都有不同的觀點，我們必須深入理解各派持守這個觀點的理由與說法是什麼，並透過抽籤的方式，輪流捍衛不同宗派的觀點，重點是，你必須完全引用那個宗派的觀點發聲、用他的說法為宗派辯護，不能帶入自己的任何一丁點看法。這使得這門課既有趣又弔詭。

而當我們深入經藏，挖掘過去各位知名的大師、學者是怎麼說的時候，卻常常看見同一人前後不一的觀點，在不同的書裡，他對某件事情的描述會有一些偏差與相異，有時候我們會試著釐清中間為什麼有這樣的轉變，老師就會提醒：「你不能說他怎麼想，只能說他在哪一本書裡怎麼說。」大師們的思緒因何流轉、是不是真這麼想，就比較不是我們討論的重點了。

這個發現一則讓我對人的思想變遷有更多包容，你想想，我們在書中讀到的學者都是相當了不起的大師級人物，但就連這樣響噹噹的人物也會隨著時間年齡的增長，在觀點上產生改變，他不會一直停留在原地。

我覺得這是一個很重要的訊息：每個人心中或多或少都有一個有如救世主形象的人物存在，你認定他是完美的、不變的、永恆不朽的，這種現象在宗教圈尤其明顯。當很多人發現，心中所想的那個人並不符合自己的想像，根本沒那麼美好，人生就會瞬間崩塌、頓時幻滅。但這是不對的。一開始過度期待，隨後發現與事實不符便不能接受，未免過度極端。

我自己的體悟是，沒有一個所謂完美的人會在那頭等著你、救贖你，你終究會領悟，我們所有的人都走在同一條道路上，你心中的完人只是走得比較前面而已，卻不是在終點等著我們。

這兩者之間有很細微的差異，當你意識到這點，你就會知道，有些觀點可能根本就是胡扯，但人終究會改變會成長，大師如此，我亦復如是。再者，你還會體認到，生命完全由自己負責，你會把生命的研究重點拉回自己身上，而不是「我要如何符合他的說法」，當你發現這個人的說法一直都是遷變的，怎麼還會想去貼近他的說法？反而會想要找回自己才對。

老一輩的人會說，「一個男人真正長大的時候，是在他父親死去的時候。」當孩子意識到父母不是萬能、發現父母不在的時候，他會明白，只有自己能為自己將走的路負責，不需要想著該去貼近誰，或符合誰的想像與期待，被迫活在任何一個框架裡。人必須忠於自我、為自己負責。

分辨現實與觀點

宗義也好，其他課程也好，我們所受的核心教育一直不停地告訴你：一種現實，可能有千萬種觀點。

讀書的時候，我們每個學年讀的思想都不一樣，今年讀的思想立場可能與明年讀的截然不同。但學習可不像是桌上擺了一堆思想，看看要挑哪個吃的「試菜」，如果只是在外圍觀看，是沒有辦法真正體認箇中意涵的，你不能只是知道誰說了什麼觀點就結束，還必須站在同一個陣線與角度、採用他的觀點想事情。

舉例來說，關於萬物到底是唯物還是唯心，這是佛學上很常見的辯論。唯物論跟唯心論的差異看似很小，卻在許多面向造成影響，比如說唯物論者的善惡觀比較強烈，因為他們認為善惡是一種個體存在；唯心論者的善惡觀比較抽象，因為他們認為一切都由心來決定。

我個人很討厭唯物的觀點，覺得他們的論點都是基於兩千年前的時空環境，早就過時，也被科學證明不是事實，我反正覺得他們就是死古板、很僵硬。可是，當我必須站在唯物論者的立場辯論時，卻會理解他們為什麼要把善惡界定成一種客觀的現實，因為當你把善惡界定為一種心理狀態的時候，非常容易掉入虛無主義，導

一種現實，可能有千萬種觀點。

致每個人都有各自的標準；當你以每個人各自的標準來定義一件事情時，一個學派很難延續，它可以廣大地發散，卻很難延續正統。從這類例子，人從而開始體會他人的難處何在、為什麼會這麼做。體會他人的難處跟無奈，是對別人產生寬容的重要開端。

我們也不是一開始就能與各個派別站在同一陣線，採用他們的觀點看事情，但藏傳的辯經卻會提供這樣的訓練。

藏傳辯論會分成攻宗跟守宗兩方，持守的觀點會在前一天抽籤決定。一般來說，攻宗會預先設立、提問守宗的幾個論點，例如：「人性本善還是惡？」接著他可能會問何謂「性」。

守宗可能會說性是無法改變的，或說性是人本來的樣子。

問過預先定旨的幾個問題後，攻宗接下來會開始進攻，提出一個又一個問題，指出你思想中的矛盾點，藉由在幾個矛盾點上頻頻糾纏，然後把你瓦解掉。

而當我們聽到守宗說話開始自相矛盾時，通常可以評斷守宗輸了。

辯論的時候，老師只會在一邊旁聽，完全不干預辯論，除非其中一方實在太弱，才會出手幫忙。

除此之外，當引用學者在書中所說的話語，假如我們說「這樣說法不對，因為

體會他人的難處跟無奈，是對別人產生寬容的重要開端。

誰是怎麼說的，他的意思應該是如何如何」，這時老師也會喊停，因為這等於是把我們自己的觀點摻和進去了，你只能如實陳述，卻不能過度詮釋。

文獻所寫內容是現實；揣測學者的意思，放進自己的想法，這就成了觀點。當我們發現不能把自己的觀點混進去時，只能盡力找出更多的現實，回頭把同一位學者寫過的所有書都翻過一遍，試著找出他曾說過與此有關、比較符合我自己觀點的言論。

當我們這樣做，會有什麼影響？

我們會開始重視現實。

不可諱言，我當然還是想捍衛自己的觀點，但因為我受過這樣的教育，知道現實比觀點重要，就好像科學數據會比政治立場重要。雖然某些觀點難以忍受，但現實如此，我就認可。

求學時老師也不停告誡，你來讀書，如果最後只是強化了自己的觀點，這個讀書是沒有意思的，讀書應該是為了知道更多多元的觀點，體認有更多的現實是我們無法觸及的，然後養成尋求現實的習慣。

認清現實與觀點，對「建立自我」很重要的一個影響是，你會開始反躬自省。

觀點不過是一種傾向性

我覺得當代社會是一個「觀點盛行」的世代，你我他都有各自不同的觀點，但觀點是什麼？觀點不過就是你喜歡吃麵，我喜歡吃飯這樣簡單的傾向罷了。

每個人都有傾向性，這個傾向性可能是透過文化、背景、語言、學習等等後天的條件，構成我們對「我」的想像與認同，使得我們對事情有一些特定判斷。

在印度讀書的過程，我們每天都得不停地切換「我」的認同，不停地用不同的「我」來說事情，用不同的「我」來陳述觀點。

我覺得這很有趣，用不同的我來陳述觀點時，會發現，觀點也跟情緒、經驗連結有很大的關係。

舉例來說，我很討厭有部，也就是唯物主義的觀點，可是今天如果我剛好抽到有部，必須以有部的角度出發，為這個派別說話時，因為我本身並不喜歡唯物主義，一開始辯論時，難免有氣無力，這時候老師就會有意無意地把他們的觀點塞給我，試著把「我」跟「有部」連結起來，他會說：「你這個有部很爛耶，怎麼會這樣講。」一頓時，我的情緒跟我執就會被激起，內心想著「老師你在講什麼屁話，我怎麼會爛？好，我要給你看看什麼叫厲害的有部」。講起話來，動不動就把「我有部」掛在嘴邊。

下了辯論場後，這樣的情緒連結很快就會退散，但也不免讓人發現一件很重要的事：觀點的背後其實都跟情緒認知脫離不了關係，是情緒把我們跟所認知的世界連結在一起，我們所接受到的知識與訊息之所以會變成我們生命中的一部分，是因為我們經歷了某些事。

比如佛法認為人死後會轉世，你聽說該怎麼做會有助於轉世，這件事對你而言就是一個知識；可是當你介入這個過程，可能是陪伴他人一起面對死亡，或做與生命教育有關的課程訓練，慢慢的，隨著情緒跟經驗的帶入，客觀知識便會與個人體驗產生連結。也就是說，每個人都持有的觀點，都是因為他生命中的某個經驗或是某種情緒，使他認為這件事跟自己有關、相信自己就是這麼認知的。

看待他人不同的觀點，核心重點不是他說了什麼，而是他對這件事情有感情，是他人背後的情緒、感情跟經驗，就算與我的看法、觀念不同，但我們有什麼資格去評判別人的情緒、感情跟經驗？

現在大部分人生活中常常遇到的問題就是，我們會把觀點跟現實揉成一個，認為自己的觀點就是現實，這種扭曲的認知，會讓持有不同觀點的人彼此對立，如果認清觀點不過是一種傾向性，不過是你喜歡吃飯我喜歡吃麵的取向，沒有好壞可

認清現實與觀點，對「建立自我」很重要的一個影響是，你會開始反躬自省。

言，也不需要向別人證明自己、說服他人接受，如此一來，面對不同觀點時，大家都能夠比較釋然。

但衍生出來的下一個問題是，每個人的觀點都有不同，這一點問題也沒有，但你要對自己的觀點負責，不能自相矛盾，更不能鄉愿。

我們往往都有自己的價值觀、想法、觀點，卻很少深思這些觀點對自己有多重要，當我說我尊重自由時，我就得尊重別人也有罵我的自由。很多時候，我們未必真的那麼在意生活中的許多觀點，也沒有分析過這些觀點對於自己的重要程度，這常常會導致一種痛苦就是，只要別人對我產生誤解，我就會開始懷疑我是不是真的這樣，可是當你是經過深思熟慮，經過分析跟選擇，就不會因為你對自我的認知不同於他人對你的認知而感覺不開心，因為你知道自己在幹嘛。

觀點是一種傾向性，由文化、背景、對自我認知等等原因所型塑，但觀點不是一成不變的，當人成長、經過判斷與選擇，可能對事會有不同看法，我們可以尊重，也應該尊重每個人有自己的觀點，但我們要為自己的觀點負責任，不能說一說就算。

隨著情緒跟經驗的帶入，
客觀知識便會與個人體驗產生連結。

先客觀分析，而後選擇

觀點也好，人生的每個轉折點也好，關於如何選擇，透過辯經的訓練，我也從中發掘了一套方法。

我覺得準備辯論很像是在寫數學程式，得先設想一個動作會觸發什麼結果，因為這個結果，要做怎樣的反應。

透過抽籤或老師指定，我們必須變換不同的立場，假如我抽到的宗主張「因果不存在」，我就得在三個小時中，守住這派觀點。

預作準備的過程中，有一個很重要的關鍵：不能以「我想怎麼講」為出發點，要設想「對方會如何進攻」。

例如攻宗可能提出的第一個問題是「某某經文中如何說，這樣叫不叫因果？」這時你必須先確立，你所謂的因果不存在是什麼意思，是我們所認知的因果不存在？或因果根本上不存在？或因果存在於我們所不能體會的境界，所以因果不存在？還是因果超越了言語所能觸及，所以不存在。

總之，定義由你決定，老師不會干預。

一個定義，會延伸出不同的情境。選擇A定義，可能開頭比較容易阻擋攻宗的攻勢，但到某處可能就無法自圓其說；選擇B定義，或許能突破A定義碰上的困境，但可能在另一個地方又卡關，甚至招致抨擊。

我最知名的一場辯論發生在學院外，我一人力抗十七位老師，最後他們攻不破我的說法，我順利守住了辯論。

當時我站在唯心主義的角度，拋出一個讓眾人覺得荒謬、不符合現實的說法，我說：佛陀說法的時候，不管台下聽眾說什麼語言，都能聽見佛陀用他們的語言說法，也就是台下假如有兩千人、兩千種語言，佛陀的說法便能自動轉換語言別，讓這兩千人都能聽得懂。

這是非常傾向唯心的觀點，極端不現實。但我當初之所以會選擇這套說詞，是在客觀的分析之後所做的選擇，如果我非要在這場辯論中守住這個宗，而我比較擅長唯心理論，那我就一定得把方向往唯心這邊導，加上我很清楚知道自己擅長臨場反應跟創意，我勢必要善用我的優勢，把辯論的重點拉到他們無法跨越的深水區。這是我的策略。

我印象很深刻，那時候跟一位學長有這樣的對話：

學長問：「依照你的說法，佛陀說法的時候應該也有講藏語吧？」

我說：「我怎麼知道，要看當時台下有沒有藏人啊。」

學長又問：「如果佛陀講了藏語，為什麼後來還需要翻譯呢？」

我回答：「可能在場的藏人沒有拿筆把佛陀說的話寫下來。」

那場辯論之後，我變得頗有名氣，然而，雖然成功守宗，卻也不免承擔罵名，被批評狡猾。

仔細想想，辯論的準備，其實就是一個客觀分析的過程，誠實而具體地寫下每一個轉折將會面臨的利與弊，藉此篩選出可以承擔的利弊、最適合的選擇。

我覺得這很符合佛學裡面對「智慧」的定義，智慧基本上就是善辨，善於分析好壞利弊，至於分析之後所做的選擇就是很個人的事了。

但現代人面臨的一個難題是，我們往往略過了分析，任由情緒與想像主導我們的選擇。

即便到了現在，我還經常碰到的狀況是，很多佛教圈的朋友看見我可以去印度念書、學藏語，他們都覺得很羨慕，也想走同樣的路。但我總是會潑一下冷水。在他們的想像中，去印度學藏語可能就是買張機票到當地，找個提供學藏語機會的寺院，安定下來，三個月後，他的藏語就會很流利，一切都一帆風順。

但我都會告訴他們現實，首先你會碰到簽證的問題；第二，寺院願不願意收你、為什麼要收你？第三，你的學習能力好不好、你學過什麼樣的語言？第四，你

觀點不過是一種傾向性，
由文化、背景、對自我認知等等原因所型塑。

學藏語究竟要幹嘛？有沒有可能追根究底來看，你根本沒有學藏語的必要？

只有討論到現實，我們才有可能合理地判斷。因為我看過很多人並沒有經過這個分析過程，以致他可能真正學了藏語，卻發現他藏語學得沒那麼好，可能不是那麼適合，但他頭已經洗下去了，也只能堅持，過了五、六年，他的藏語真的沒有變好，他變得更加迷惘，完全不知道自己到底該怎麼做。

我們常常以為自己的人生充滿了苦，別人的人生洋溢著樂，所以總期盼能轉移到別人的人生跑道。但實際上，你的人生苦樂參半，他的也是，只是你們面對的是不同的苦跟不同的樂而已。我們必須認清現實，才有辦法做出選擇，也許這個選擇有利有弊，就像善惡好壞是一體兩面，眾多選項之中，一定有幾個比較符合你的性格、做事風格，選擇什麼無所謂，重點是那個選擇符不符合現實。

符合現實、分辨利弊，這是後來我不管在做人生選擇，或者觀點價值觀的選擇，經常採用的模式。

觀點可以破，信念不行

為了符合現實，常常我們必須放下許多原本堅持的觀點；或因為成長，發現不

誠實而具體地寫下每一個轉折將會面臨的利與弊，
藉此篩選出可以承擔的利弊、最適合的選擇。

得不在許多事情上妥協。然而，過往我們活得理直氣壯，因為我們把自己的觀點視為客觀的事實，但當現實與觀點脫勾，支撐的力量瞬間瓦解，人可能變得虛無。

佛陀在世的時候，對所有思想都抱持著很大的寬容，但他最反對的就是虛無主義。佛教有個專有名詞叫「斜見」，觀點不同不等於斜見，斜見是認為「無」，否定世間的所有價值跟意義。佛陀很清楚明白地說了，持有虛無主義的人，此生不會得安樂，來生也無法得到安樂。原因是什麼呢？因為虛無主義會讓人空虛。

換句話說，人還是需要某種信念支持的，以前我們用來支撐自己的方式是把自己的觀念視為客觀的事實，比如說，我就是相信輪迴，但事實上，輪迴至今還沒有被科學證實，還只能算是一個觀念、一種信仰。但有人就是相信業因果報，就是相信佛陀，把別人灌輸給自己的觀念，當作生命的主軸、不可被動搖的核心。

但是隨著時間的進展，包括文化的發展，乃至於自己學習的過程，我們讀到的是觀念跟現實的脫勾，你會發現，在佛法之中，不乏理論可以證明，其實佛並不是你想像中的樣子，隨著現實的愈加清明，你的觀念將一個一個被剝離、被拿掉，這時候你應該回頭思索，你生命中最根本的本質到底是什麼，這將是你的核心、屹立不搖的價值，即便這個價值跟你個人的喜好、利益或任何事物有所矛盾，你也不能放下它。這個價值，我稱之為「信念」。

我認為建立信念的過程不難，難的是你沒有意識到你必須要有信念。對我來說，信念並不是什麼高不可攀的價值理想，即便你只是想要守著祖產不變賣，這也可以是一種信念。

簡單來說，信念是一種你自己選擇的生活態度，你對這件事情是無悔的，就像我前面提到教授觀點的老師，在我們的學派中，他的地位頗為崇高，有很多機會可以到其他資源更好的地方進修，但因為他曾經承許他的老師，要留在學院裡培養學生，所以他拒絕了各種延攬。他也常常對我們說：「我都五、六十歲了，差不多也快死了，照說應該把心思放在我個人生死的修練與禪修上，不該把時間投注在教育你們上頭，但是我忠於我的承諾，所以我留在這裡。」

雖然他嘴巴上常常碎念他都快死了，該怎麼怎麼，但你知道他沒有後悔過。我記得有一次他說了讓人超感動的話，那時他其實是在罵我們不好好讀書，嘴上念叨著，在他死之前，學院大概可以培育出四、五百個學生，在這些人之中，未來只要有一個人可以對這個教派負責、對他人產生利益，他就覺得自己下地獄也不足惜。

雖然老師從來沒有要求我們必須成為什麼樣子，或走上他所走的路，但他的所作所為卻讓我覺得這樣的信念值得欽佩與堅持。

就選擇信念這件事，我自己是透過思想訓練然後確認。我一直在想，有什麼事情是我做了之後絕不會後悔的？有什麼事情是我放棄之後會抱憾終身的？後來我發現，我可以百分之百確認，如果我為了一些蠅頭小利，而失去對我教派的忠誠，我死去的時候絕對會後悔。

為我的教派忠誠奉獻，就成為我個人的信念，任何利益都無法交換。

跟過去不同，現代的變動極大，在各個方面，不管是人際關係、經濟狀況、營運模式、商業模式，有著各種波動起伏，在這種時代環境裡，人心更需要一個錨，安定我們的內心，我覺得這很重要。

看向現實，才能擺脫謬誤。

第三部 合

第七章

還俗：捨棄預設好的未來

要主動改寫自己原本被看好的未來，尋求真正想要的道路，本來就是一件不容易的事。但我們往往會因為恐懼失去現有的生活而付出各種行動，最終也得不到自己真正想要的事物……

我在前面的章節分享了讀書的學習體制跟過程，也提到在藏傳佛法教育中，對我的人生觀、價值核心所造成的影響與收穫，這些事講起來是很輕鬆，但實際上我經歷了許多很艱難的過程。

首先，我在台灣的時候本來就吃素，台灣的素食是受到華人文化的影響，並不全然來自於佛教，而是受到包括來自佛法、民俗信仰等的交錯影響。所以在華人文化圈的素食定義，它是非常嚴格的。

舉個例子來說，漢傳定義的素食是不吃五辛，也就是不吃蔥蒜。再更嚴謹一點，有些是不喝牛奶也不吃雞蛋。不吃蛋這個比較可以理解，但不喝牛奶對於真正的印度佛法來說很難理解，因為印度佛法時代，基本上所有菜色都會使用到牛奶。

我自己也是在這樣的素食模式環境中長大，所以不碰蔥蒜。我遇到的第一個難題就是：當初我要去印度讀書的時候，我知道在印度雖然每所佛學院不一樣，但是基本上就算佛學院是提供素食的，他們也會在裡面加入蔥蒜。

主要原因跟藏傳佛法有關。信仰藏傳佛法的地區，以及在藏傳佛法盛行的時代，也曾經流行過素食，但因為藏地有兩種生活模式，一種是牧民的生活模式，一種是農民的生活模式。如果是在農民地區的話，他就種得出植物，可是如果是在牧民地區生活，那個地方根本是沒有植物可以吃的。這就導致在信奉藏傳佛法的地區，有些地方如果是以牧民為主，他們就會吃肉，但這其實並沒有違背佛教的根本經典。把吃素跟佛法畫上等號，並不是佛法本意，那是在華人地區，特別是狹義的近代佛教才出現的狀況。

印度這邊的情況則是，因為農業發達，所以吃素的方便性比較高；另一方面就是因為肉很貴，所以大部分的寺院提供的餐點都是素食，只是這些素食餐點裡面是有加蔥蒜的。

在知道有蔥蒜的情況之下，我很掙扎，我就為了這件事，還親自寫信去當時大寶法王的公開信箱詢問：「如果我要去那裡讀書，但是我吃素，結果你們都加蔥蒜，這樣要怎麼辦？我很掙扎。」

據說法王自己會選擇哪些信件來回覆，我到現在都還記得，我收到了那個公開信箱的回信。在我收到的回覆裡面，法王說：「學習是很好的，不要為了自己的生活習慣而破壞了這樣的學習機會。」那時候我還是一個很信仰派的人，所以心想：「好，既然法王這樣說，就沒問題了。」因此我就去了。

這就是我去的時候遇到的第一個挑戰。

知道自己喜歡什麼、為何而來，是很重要的。

吃不飽的日子

第二個挑戰是什麼呢？就是那裡的物質環境。印度跟尼泊爾都很窮，而我們佛學院又是屬於物質生活特別匱乏的。寺院，講白一點就是要接受人家的捐助。在印度跟尼泊爾地區的寺院，跟在台灣地區的寺院很不一樣。在華人地區的寺院，因為華人相對來說資源比較充足，而且大家也都有供養寺院的概念，寺院的僧侶在基本的生活條件上都過得很不錯。

反觀印度跟尼泊爾的寺院跟生活條件，首先，在那個地區，佛法已經斷種很多年了，所以供養佛教寺院在他們的思想中並不存在。另外一個關鍵是，他們很窮，所以也幾乎沒有辦法供養寺院跟出家人。因為佛法是一個跨地區性的思想體系，有時候會有一些外國的資助，所以寺院反而常常要辦一些資助活動來回饋當地。像我的寺院每年都會辦眼科營，為當地提供眼科的服務等等。

這是截然不同的狀況。在印度跟尼泊爾，當地的物資已經很匱乏了，寺院沒有受到供養，還常常要收養大量孤兒，或是父母雙亡、家人送來出家的孩子，所以寺院的環境很差。

基本上，我們讀書的時候，每天早上就是吃一塊麵餅，這個麵餅是用麵粉加水擀成的，然後放著發酵，之後直接烤成。麵餅配酥油茶，早餐的內容數十年如一日，所以我們自己都會囤一些不同地區的辣椒醬，搭配麵餅入口。

每天的午餐大多是冷飯外加一碗 Dal，就是鷹嘴豆磨成的湯汁，據說營養很豐富，價格又很便宜。好一點的話，午餐偶爾會加一個菜，但這個菜可能就是馬鈴薯或花椰菜，料理方式採用水燜，滾了之後加一點點薑黃粉，就成了一道菜。

晚餐更慘了，主要就是把中午的東西拿出來加熱，也就是飯配上生辣椒，咬一口辣椒之後覺得很辣，便可以吞很多飯，就這樣子過了一餐。

當時我正值成長期，倒不覺得這樣有什麼關係。在我家族中，我的表兄弟都很高，我算是矮的。後來回想，可能是當初營養不良所導致，但我自己並沒有這種強烈的感覺。

二〇一九年，我有一個交換學生計畫，假如特定學生有意願、有時間的話，我們會安排他到尼泊爾學藏語。其中有一位學生在抵達當地之後，寫回來給我的報告上面說到，他在那邊最受不了的事情就是吃不飽。他去的時候已經二十四歲，可能已經習慣台灣的飲食（我十二、三歲就去了，比較沒有這樣的狀況），覺得每天飯不管吃了再多，就是不飽，他猜測可能是因為菜色太少，或者是沒有肉，就一直覺得很餓。

當年我的食量很大，每天就算吃的飯有台灣這種飯碗的三碗，但還是吃不胖，身材非常瘦。我們吃飯是用鐵盤裝的，那時候大家都會開玩笑說，我吃飯的時候，飯多到可以用來供曼達（藏傳佛教的供養），每次我要吃飯的時候，同學就在一旁念曼達頌。

這裡就是物質環境很差。偶爾如果有人供養，我們可能吃好一點，可以加兩個菜，但那是很少見的，可能一個月一次，或者是半個月一次。有時候會加一顆蛋，就是為了要補充營養，但也只是聊勝於無。

這樣的物質環境，對於原本是都市小孩的我來說，非常難以忍受。我記得很清楚，我那時候內心想著：「天啊，我連想要吃一顆茶葉蛋的機會都沒有！」飲食之外，另外有的困擾則與居住環境有關。

與吸血小惡魔共處

我後來讀書的地方是在印度的拉瓦，一座國家公園裡面。那裡濕氣非常重，全年三百六十五天，大概有三百多天都在下大雨。雨大到什麼程度呢？就是衣服洗了之後，晾兩個星期還是不會乾，不然就是衣服洗了之後會發霉。所以那個時候最熱門的地方是廚房，大家衣服洗好之後，就會排隊輪流把衣服拿去廚房，用火烤乾。但廚房有很重的炭火味，導致我們所有同學的衣服上都有炭火的味道。

那裡雨水多，而且又在山上，到處都有一種叫作水蛭的生物。水蛭真的是很噁心、很可怕的生物。我在拉瓦讀書的這個學院，外面有一個大概不到五百人居住的村莊，那時候我們也會跟社區的人互動，跟他們宣說一些佛法的道理。但每次跟他們宣說佛法的道理，講到殺生這件事情時，只要講到水蛭，他們就無法理解。

我們會說：「佛法告訴我們盡量不要殺害生命，雖然打死水蛭不會破戒，但是佛法的價值觀裡面，鼓勵我們不要殺害生命。」只是居民們都會反駁：「水蛭是惡魔派來的，殺牠們很正常，殺牠們是有功德的。」

因為水蛭就是一種「讓人完全不知道這種生物活著，到底對世界有什麼利益」的生物。首先，牠非常噁心；其次，牠會吸血。牠不吸血時，身長尺寸可以縮小到等同小指頭的寬度；可是當牠想要吸血，或牠聞到附近有血的時候，牠可以把身體拉長五倍。有些水蛭身上還有著斑斕花紋，看了讓人感覺超級無敵噁心、可怕。

看見水蛭，你會選擇避開，但如果你沒有發現水蛭的蹤影，會發生什麼慘劇呢？

這裡每天下雨，排水系統也不太好，所以到處都是積水，生活在這裡，我們也都習以為常了。讀書的時候，大家都會穿塑膠拖鞋，但因為一直在下雨，天氣又很

釐清誤會是學習的目的。

冷，所以小腿以下經常處在潮濕、冰冷、沒有知覺的狀態。在這種情況下，如果經過草地，就一定會不知不覺地被水蛭黏上。牠會順著拖鞋爬到腳上咬一口，被咬的人根本就沒有知覺。

還好，水蛭帶來的疼痛，就只有被咬上一口的當下會有點痛，之後就沒感覺，直到牠掉下來為止。通常也就是在水蛭掉下來之後，被咬的人才會發現自己成了水蛭的大餐。因為牠非常缺德，唾液裡面含有一種會短暫破壞人類凝血能力的成分，被咬的人會一直流血。特別是水蛭格外喜歡咬軟的地方，不會咬腳後跟這種腳皮厚的部位，牠專門爬到腳趾的縫裡面。腳趾縫一直流血，雖然不至於失血過多，可是會讓人覺得很煩。這是第一種狀況。

第二種狀況就是牠會突然爬出來。水蛭最喜歡陰暗潮濕的地方，比如浴室。而我們讀書的地方，公共浴室位於室外，要踏出房間、走過一條大概十公尺左右的走廊，才能抵達可供洗澡、上廁所的公共浴室。水蛭常常會爬進戶外浴室，躲在洗手台下面。有時候我們早上四、五點醒過來，會在去做早課之前洗臉，結果洗臉洗到一半，可能臉上都是泡沫，正打算用水清洗泡沫時，一張開眼睛，就看到那一隻水蛭在洗臉台上伸長身體，尋找人的氣味，而我的鼻子可能離牠不到五公分！

很多人在接觸一件事情的過程中，
會慢慢分不清楚「我要的」跟「我」。

體力考驗

第三個難題是什麼呢？剛到印度的時候，我的日子過得很舒適，但二〇一〇年，他們正式把我丟入佛學院旁聽之際，跟我說：「你就要開始工作了。」所以我就得跟佛學院所有的學僧們一起輪值、一起工作。

當地人出身深山老林，大家都是鄉下人，會做很多的勞力工作，但我是個都市小孩，從小就沒有接觸過這樣的生活型態，對我來說，完全無法想像劈柴之類的工作。

我那時候需要輪值的工作有幾個，首先是每個月大概會輪到一次廚房職務，那時候拉瓦佛學院的廚房是用灶，生火需要用柴。輪到廚房職務時，大概四、五點就要起來準備早餐，是準備一百個人的早餐喔，之後再準備一百個人的午餐，再準備一百個人的晚餐。

每個月一次，在一個充滿濃重炭火味的廚房裡，跟同學合力抬起直徑一．五公尺的大鍋刷洗。冬天天氣嚴寒，只能用冰水刷洗大鍋，直到我去的第二年之後，有人供養了一個中央熱水器。但中央熱水器也沒能發揮功用，因為中央熱水器主要靠太陽能發電，不能使用太陽能以外的其他電力，會導致過載，當地無法負荷。而太陽能的產品在那裡真的完全派不上用場，因為幾乎看不見太陽啊！

廚房輪值很辛苦，要做的都是粗工，就是一再重複洗米、洗鍋子、切菜、分餐給大家等等工作內容，毫無技巧性可言。

廚房工作之外，再來就是三不五時要負責劈柴，這也是採輪流制，也大概一個月輪到一次，劈柴工作在晚課時間進行，如果今天輪到你劈柴的話，恭喜你，就不用參加晚課了。

柴是怎麼劈的？每年會有一段時間，大家從深山老林裡面把一些倒木扛回寺院。之後，在寺院裡分切成一塊一塊的中等木材，再由學僧們劈成一小段一小段，扛進廚房。

劈柴這件事從來都不在我的生命規畫中，我也從來不知道我竟然會劈柴。劈柴看似勞力活，但其實也很需要學問的，我剛開始接觸這項勞務時，只要劈完柴，我的手大概會有一兩天是完全無力的。

負責劈柴時，如果還碰上大雨，那更是雪上加霜。

柴劈好了必須抱進廚房，如果遇到滂沱大雨，為了避免柴薪淋濕起不了火，我們就得想辦法用自己的袈裟蓋住木柴，即便自己淋得全身濕，也要保護好那兩三捆木材。所幸一個月只輪值一次，這倒也還好。

那麼最倒楣的是什麼呢？就是：如果你輪值廚房的那一天，剛好又碰上採買日的話，那真的是欲哭無淚。

我們學院距離最近的一個鄉鎮，大約要兩小時的車程，而且是山路。我記得我第一次陪同採買時，顛到常常下車大吐特吐，吐到感覺快死掉。大約每個星期，佛學院會開卡車出去採買一次，採買回來的量都不是小數目，拿馬鈴薯來說好了，一個馬鈴薯袋大約一百三十公分高，每次大概會採買十二袋馬鈴薯。如果今天輪值廚房，就由輪值的兩三個人把採買物資全數扛進廚房。從下貨地點到廚房，中間要先爬四層樓的階梯，再經過五十公尺的迴廊，才能把物品放下，所以那是一個相當高難度的體力考驗。

除了這些之外，每年要砍柴一次，跟在寺院裡劈柴不同，大家是真的要跑到深山裡，有人就像營隊一樣搭灶煮飯。這經驗可一點都不好玩，因為濕氣很重，全身一直感覺濕答答的。

回想我對佛學院生活的印象，除了濕，還是濕，從頭濕到腳。其次，就是沒什麼東西吃，而且還要做粗重的工作，手腳被刮破是家常便飯，最誇張的是，我有一個同學還差點掉落懸崖死掉，幸好獲救。深山裡面又有熊、又有豹，就是一個非常可怕的原始生活。

身心皆苦的生活

飲食、生活環境、勞力工作之外，接著要提到讀書。在這裡讀書，對我來說也是從未有過的辛苦經歷。我在台灣的時候成績都還不錯，但到了這裡的學院，我必須用非母語的語言讀書、研究。每天在辯論場上辯論完之後，回到房間，我至少還得再花將近一倍的時間做研究。之所以如此，往往是因為我在辯論時常常覺得力有未逮，腦子裡會想著：「奇怪，為什麼我在這個論點上面，沒辦法用一個更強而有力的方式擊倒他？」或是：「為什麼在這個論點上面，我沒有辦法反擊他？」我需要查找更多的資料，希望下一次再跟學長或同學討論相同問題時，可以派上用場。或者是，我需要翻閱更多文獻，好確定在某個論點上面，我是不是理解得不夠透澈、不夠提綱挈領，導致我在切入時沒有辦法隨手拈來便是。

在房間內做準備跟閱讀，讓自己的辯論變得更順暢，幾乎是每個人的功課。可是那對我來說又更難了，畢竟我用的不是自己的母語。在佛學院那幾年時間，我晚上幾乎都不是躺下來睡覺，而是坐著看書看到睡著、打瞌睡，醒過來之後，揉揉眼睛繼續讀書，因為我怕自己跟不上。這是學習上面的辛苦。

再者，這裡的學制是一週休息一天半，但其中有半天要做佛學院的大掃除，剩下來就只有一天。一天的時間其實不能做什麼，除非你想去鄉鎮裡吃一些相對正常一點的小吃，可是那只是一個四千人居住的鄉鎮，規模不大。其次，很少有人會為了吃一頓飯而專程前往，剛開始可能有人會這麼做吧，但後來就不會這樣大費周章了，因為去一趟的車程就要將近兩小時，還得付車錢，非常不划算。對我來說，這樣的活動實在累人，所以就會發懶，不太想出門。

如果待在佛學院裡，也沒什麼事情可做，大概就是休息、睡覺、跟朋友聊聊天，大家可能一起湊個錢，去附近的小市集買一點菜回來自己煮。煮些什麼呢？可能就是用番茄燉個馬鈴薯，對我們來說，這就是我們當時最大的樂趣了。

即便休息也無所事事，生活中的林林總總，於我來說，各方面都是很辛苦的一個過程。每次內心覺得疲累困倦時，都不禁會想：「要不是為了學問，我才不會來這裡。」

千里迢迢去辯經

生活固然辛苦，但努力付出有其回報，讓我在課業上有不錯的表現，我記得我們老師曾經跟其他同學說「如果羅卓仁謙是一個藏人，他現在的成就絕對比你們每一個都厲害」之類的話，又或者我的辯論成績一直很高，幾乎都是前三名。可是考試就不是這樣了。我們年度考試的時候，我只選自己喜歡的題目來寫，大概是出十三題讓你選十題的申論，可是那十題我不會全寫，如果我覺得題目太簡單，就會直接寫說：「太簡單了！」這導致我每次只要是寫申論題，分數都不高。可是我辯論題基本上都是全班第一或第二。

要說辛苦，真正讓人印象深刻的當屬辯經法會了。我們每年都會參加一次辯經法會，整個教派各學院的師生都聚集在一處，進行為期一個月的辯經。

辯經法會的舉辦地點與我的學院相距大約兩個台灣的距離，通常我們得在清晨四點出門搭公車，到山下差不多是下午兩點，接著等到晚上再改搭大公車，中間為什麼有一段等候時間？因為印度有好幾個邦，有些地方有強烈的民族主義，不讓其他邦的公車進來自己邦搶奪生意。

大公車的安全性也十分堪慮，這些車子可能本來設定只能跑短程，但竟然被用來跑幾千公里的車程，就像它明明是台北市區公車，結果一路開到屏東，來回跑不說，路況還糟到不行，大概就是這種情況。

剛出門搭上車，眾人都還興高采烈，但單單從山上來到山下，我們就會經歷強烈溫差的痛苦，在山上穿戴許多保暖衣物，到山下就完全穿不住了。抵達山下改搭大公車，一天時間就過去了，什麼時候會到目的地呢？差不多是第三天的中午。也就是說，我們得在車上過兩個晚上，期間大約每四小時會停一個休息站。

我剛剛說了，大家一開始情緒雀躍，但大概到了第二天中午之後，就算跟最要好的朋友坐在一起，也都不想說話，因為實在太累了。加上我的身高一七八，膝蓋真的會讓我很想死，因為就算坐第一排，我的膝蓋也會緊緊頂著駕駛座。所以每次坐這種長途車，我都不知道自己是為了什麼。

忍受，是為了讀書

我記得第一年去參加辯經法會時，他們盡量幫我安排了比較好的環境，可是因為那個地方真的很窮，即便他們把我安排在助教的房間，但所謂助教的房間，大概也就差不多三坪大，裡面擺了兩張單人床，但是擠了八個人。可能有四個人睡床上，四個人要打地鋪。那時候我比較小，就讓學長們睡床上，我打地鋪。屋子一整排可能有四、五間這樣的房間，大家真的很辛苦，全都擠在那裡，還有人是睡在走廊上面的。

原始佛法認為出家是一種生活態度，而非一個職業。

想像那是一個ㄇ字形的兩層樓建築，中間有一個像穿堂的空間，主要是一片空地。

那年的與會者真的太多了，ㄇ字形的兩層樓建築裡大約有十二到十六間房間，原本是該所佛學院的教室，因為舉辦辯經法會，便把教室暫時挪作臥房使用。

既然原本用途是教室，盥洗設施的數量自然不多，可能五十個人必須共用三間浴室，而且水壓不穩定，更不要幻想有熱水，就只有冷水。如果打開水龍頭流出的是熱水，只會是因為天氣太熱，水管裡的水被曬到變熱。

那年的狀況就是：在那個ㄇ字形空間的兩層樓建築裡，塞了各佛學院代表，共約八百人。怎麼睡呢？就像剛剛說的，一個房間塞八個人，這還是助教們才有的待遇，如果你不是助教，沒有老師的層級，就只好在外面的走道上打地鋪。每天早上我們開門出去，都得打起十二萬分精神，否則一不小心就會踩到某個人的頭。晚上去上廁所也是，可能要跨越一百個人的身體才有辦法順利如廁。

那年還發生了一件很蠢的事。因為當年參加的人數實在太多，只好善用ㄇ字形建築中間的空地睡人。先在露天、沒有遮蔽的空地地板鋪上帆布，再在一、二樓中間拉一層帆布當作遮蔽，一樓的走廊和空地間也用帆布隔開，簡而言之，各佛學院的代表就是住在一個四面都是帆布的空間裡。

有一天晚上，不知道哪個傻瓜在結束辯論之後繼續讀書。當時我們夜間讀書都仰賴燭光，這位勤奮的同學也是一樣，結果蠟燭不慎燒到了帆布，帆布易燃，馬上便起火了。頓時空地上的一百多個人全部嚇醒，拔腿就跑。這一百多個人同時四處奔跑流竄，其他七百多個被驚動的人不明就裡也跟著起身就跑，只聽到轟隆轟隆的聲音不絕於耳。

我那時候躺在床上，被外面的騷動驚醒，同房的學長們也同時醒來。由於兩個月前，我們佛學院剛遇過一場地震，大家都有心理陰影，因此一聽到轟隆轟隆的聲音都心有餘悸，本能反應就是要盡快離開危險的地方。即便我起身時一邊跟學長講：「這邊不會有板塊運動，不會有地震的。」但他只是說：「你不要吵，快走！」

第二天白天，只見空地上的帆布被火燒出一個大洞。回想起來，真不知道該為這場夜半驚魂記感到好笑，或為當時的日子覺得辛苦。

辯經法會可說是重要的大型活動，各個學院的知名論師都在這裡展現實力。幾次參加下來，我也在辯經法會上嶄露頭角，變得愈來愈有名。首先，華人本來就很少，可能不出三人；第二，其他兩位華人參與的都是很基礎、沾醬油式的課程安排，我則是在學院深入地學習；第三，那時候大家都以為我是藏人，因為我要好的朋友全都是藏人裡面性格比較直接的康巴人，甚至我的要好朋友都是轉世者，我講的口語都是康巴音。所以後來得知我是華人，他們都很驚豔。

我曾代表學院上場辯論，進攻兩次。在私下一對一辯論的時候，會有很多人圍著我，看我在跟誰辯論，並在辯論結束後繼續跟我們進行討論，但基本上都戰不贏我，所以那時候就覺得非常開心、非常有趣。

身在這樣的環境，心情真的百味雜陳，又不免矛盾。讀書的時候很開心，可是生活的其他層面就真的很刻苦。若不是為了藏傳佛法的教育與學習，我懷疑自己能在這種環境裡待多久。

不斷提煉出自己真正想要的目標

知道我的這段經歷之後，很多人會問我一個問題：「你怎麼有辦法支撐下去？」我覺得很重要的原因是，我非常清楚知道自己為什麼而來。我之前提過，我知道我不要什麼，而我現在很清楚地知道我喜歡做研究，我希望可以讓自己的知識跟智力得到更高的提升，我希望我的視野層次更高。所以知道自己喜歡什麼、為了什麼而來，這是很重要的。

另一個我經常被問到的問題是：我那個時候沒有迷失。說真的，我從來沒有想過：我在這裡，得到的是「我的」什麼東西。

很多人在接觸一件事情的過程中，會慢慢分不清楚「我要的」跟「我」。比如說，很多時候，我們在一份工作裡面，你可能是為了某件事情而去，但因為你的生活圈改變了，你的習慣改變了，你面對的事情改變了，你整個人就跟著改變了。這是為什麼我們常常說「換個位子，換個腦袋」，因為當你到了不同的生活圈之後，你整個人就變了。

這沒有什麼優缺點可言，但對於當時的我，甚至對於現在的我來說，我一直都知道我要的是什麼，其他東西有也好，沒有也罷，但我最核心爭取的是什麼？對於那時候的我來說，我是為了知識。我不是為了要有一群藏人朋友才去讀書，我也不是為了讓自己在辯論上變得很有名才去讀書，或者為了成為一個很有前途的佛教學者而去讀書。我從來都不是為了這些，我是為了學問和知識，所以我才有辦法待在那裡。

我唯一的興趣就是做學問，而不是其他這些生活上的追求。所以當我的知識水準、學習技巧提升到某個境界，知道自己不論待在這裡與否，我的學問都能夠持續做下去，我已經掌握看待事情的視角時，繼續待在那裡，自然就不會是我生命中最優先的事。

在印度學佛期間，我每年大概都會為了辦理簽證回台一次。相對於我在印度的這種辛苦，回到台灣時，又得面臨另一種辛苦。

短暫回到台灣的日子總是開心的。在印度期間，我的體重大概維持在六十七公斤左右，回到台灣之後，體重會在短短兩、三個星期之內上升到八十公斤，因為吃得好，也受到很多的照顧跟供養。

雖然如此，但是辛苦的是內心。

我印象最深刻的就是，每一次我出門，如果剛好在下午四點到六點那個時段，那是我童年同學的放學時間，我每次看到他們放學的時候，都感到一種強烈而不明所以的惆悵和厭離，這是很矛盾的情緒。一方面我覺得，他們在過那樣的日子，我何必追求這麼辛苦的東西？做學問好玩是好玩，可是很辛苦，這代價值得嗎？他們有他們的朋友，他們可以聊很無聊的話題，為一些雞毛蒜皮的事情擔心不已，他們可以有一些低級的趣味，他們就過著很一般、無憂無慮的生活。當然，這是我看到的部分。

而我呢？我卻要在短短的十天之後回印度，回到一座鳥不生蛋、充滿水蛭的山上，做著沒有人懂的研究。這是一個掙扎。

很多時候，我們的選擇是建立在「過度想像」的錯誤基礎上。

第二個掙扎就是，我知道他們的生活並不如表面上看起來那麼美好，我知道他們有他們的升學壓力，他們讀的書不是他們喜歡的，我知道他們可能有很多來自家裡的壓力等等，我都知道，但我內心就是會有本能與理性的對抗在拉扯著。本能會讓我覺得需要群體、需要社群，可是理性上又知道那不是我要的。這種對抗的情緒真的很折磨人，因為在那個年紀，人的理性腦還沒有發展完成，難免會因為這樣的拉扯倍感掙扎、辛苦。

在這個過程中，一方面更知道自己喜歡什麼，另一方面也愈知道自己討厭什麼，這個過程就像在打磨一個人一樣。我加入佛學院是二〇一〇年的事情，自二〇一一年開始掌握訣竅，變得愈來愈強，到了二〇一二、一三年，我差不多十六、十七歲時，便開始一直在「我要什麼」跟「我不要什麼」之間擺盪。

在這段打磨的過程，我愈來愈清楚，我要的是知識，我不要的是團體生活。根據佛法的設計，出家人是一個半個體又半群體的生物。出家人最好一起住在一片森林裡，每個人各自住在一棵樹下，可是大家又像是一個社區，就是出家人社區概念的生活模式。遠離俗世，過著出家人的群體生活，這是一個標準的出家人。

我那時候是一個什麼事情都要做到好的人，我覺得我如果要出家，就要做一個好的出家人；如果我沒辦法做一個好的出家人，我就要還俗。在我的認知中，一個好的出家人，依照經典的說法，必須要住在團體裡面，我們叫僧團，要過著出家人的生活，同時要維持職業上的分際，比如說，你是一位僧侶，就必須跟在家人保持距離等等。

但對於崇尚自由的我來說，這是很難以忍受的。例如我很難遵守規定，在佛學院的時候，我常常因為不遵守規定而被罰。可能我上課遲到，但遲到的原因是我在讀另一本書，一不小心就讀過頭了；或是我早課沒去，原因是我前一天晚上通宵讀書，早上起不來，趕不上早課。

我知道對出家人來說，團體生活很重要，但是我覺得我守不了團體生活的規則。雖然我知道我沒辦法適應團體生活，可是我也知道我熱愛知識。因為我比較愛知識，所以在讀書的當下，我願意為了知識而遵守團體生活的種種規則，至少盡量去遵守。

但很多人不是這樣，很多人是：他在這裡，可是他不知道自己為什麼在這裡，所以他就會把那個生活習慣變成他無法放棄的事。像我之所以會繼續在印度讀書，不是因為我喜歡那樣的生活，也不是因為我習慣那樣的生活圈，而是我知道我的目標，所以當這個目標達成了，我就不會戀棧，我可以跟我的朋友保持一個良好的關係，然後好好告別。

如果我留在這裡的原因不是為了學問，而是想跟他們在一起，當我腦中浮現離開的念頭時，我又因為情感因素而離不開（但實際原因可能是我不知道下一步要做什麼），等到最後有一天我終究離開了，我其實反過來是會怪他們的，因為我根本不知道自己當初為何而來。

所以，這兩件事情結合起來，就慢慢促成了我還俗。

決定還俗，首先是因為我在佛學院做的佛學研究已經可以掌握了，雖然還沒有完成學業，但是我可以自己一個人讀了。在最後一年，二〇一三年的時候，我上課幾乎都沒有在聽。我去上課，我也去辯論，但是我上課都在看更高年級的書籍。

辯論時，我也不太上場了，大概就保持每個星期會認真上場練一次，看我自己的功力如何。我發現我沒有退步，反而可以跟更高年級的學長們，討論一些連他們都沒辦法討論的問題。

這個過程讓我知道：「好，我已經掌握做這個學問技巧的百分之六十到七十了，接下來，就算沒有在佛學院裡面讀書，我自己做研究，也可以達到同樣的效果。」再加上我個人對團體生活的排斥，評估考量這兩個狀況之後，我覺得自己已經得償所願，我已經知道我想要學的東西，也知道我想要掌握的方向是什麼了。

生活方式的選擇

在佛法的世界觀裡面，如果依照原始佛法的角度來看，還俗是一件很難想像的事情。以前，出家是一種生活態度，並不是一個職業。如果要以現代人的眼光來理解出家這件事，它比較像是選擇一個新的方式生活。

就把出家生活想像成移民吧！當我們移民了，將來到一個新的文化圈，雖然表面上看起來好像只是換個地方住，但其實移民是會對我們的生命造成很多影響的，因為你在一個新的文化圈、新的經濟模式、新的社會體，所面臨的問題都跟以前不一樣。

同樣的，出家這件事，在舊有的佛法體系之中，它象徵的是一個生命、生活的轉變。從汲汲營營於追求我們現世的生活，進而轉向希望不再輪迴、斬斷輪迴，為此而出家，因此出家是專門為那些希望可以超越輪迴的人而設計的生活型態。

在那樣的時代背景下，出家是很單純的。比如說，出家人的生活重點，不應該沉溺在各式各樣的享受，所以佛陀鼓勵出家人只能以托缽的方式過活，也就是用乞討的方式過日子。

如果出家人為了自己的飲食習慣，或是為了自己生活模式的習慣，而有各式各樣的準備，比如說去種田，或是靠知識維生等等，這些是佛陀不鼓勵的，這樣的生活方式稱之為邪命。雖然不算對戒律有太大的危害，但佛陀本人是反對的。

因為出家是一種生活選擇，你選擇以追求解脫作為你生活中的第一價值，就叫作出家。

隨著佛法的進展，出家生活變得愈來愈難以維持它原始的樣貌。比如說，在佛陀的設計中，出家人應該是自活的，也就是應該要減少世間活動，以最有限的資源活著，然後一心一意於追求解脫。

可是隨著佛法的宏傳，出家人多了教學這個重責。在以前，教學這個角色的責任沒那麼重，但之後佛教興盛，教學的職責開始在出家人的生活中成為很重要的任務。

當教學這個職責開始介入之後，出家生活就有不一樣的形象。比如說，可能你就必須多跟人、多跟社會互動，才有辦法教學；你必須與當時的高知識分子、貴族等等應酬，才有辦法教學。

再接下來，除了教學，他還有各式各樣的方式去利益一般人，所以除了知識上的教學，可能還有宗教儀式等等，出家人的生活變得愈來愈繁瑣複雜。在這個過程中，追求個人解脫的時間一直被壓縮，相對的，與社群互動、教學、扮演宗教師角色的時間愈來愈多。也就是說，出家人從一個選擇追求個人解脫的生活模式者，開始慢慢往宗教師的角色傾斜。

之後，為了要在印度當時百家爭鳴的時代中，讓佛法的知識體系保有它的鮮活與優越程度，又有大量的研究必須進行。因此出家人的時間又被瓜分。他除了追求解脫之外，還要扮演老師，還要扮演宗教師，還要扮演學者。

出家人的角色變得愈來愈多元，根本就是斜槓的最佳代言人。這些斜槓的事情從世俗來看，可能對他有幫助；可是從解脫的角度來看的話，就是不停地壓縮修行的時間。

這也是為什麼出家人的身分到了後期愈來愈難扮演，因為他要扮演太多角色了。從這個過程中，慢慢的，出家人的生活選擇愈來愈少，而職業的成分變得愈來愈多。

所謂的生活選擇其實是一種決定。舉例來說，當我們說，在一個政治體系中，我想要選擇自由民主，或者是獨裁專制的時候，其實我是在選擇我要的生活模式。我要選擇我所呼吸的空氣，我要選擇我說話的限度，我要選擇我可以做出的行為限度等，我們其實是在選擇生活模式。

同樣的，在早期，出家是一個生活模式，雖然在那個時代有還俗這件事，但比較讓人難以想像。因為在你選擇出家的生活模式之前，你必然是經過了一連串的思考，然後決定要以斬斷輪迴作為你生活中最核心的價值；還俗這件事情，對於大部分的人來說，就好像一個已經吸了自由地區空氣的人，結果卻決定要回到獨裁政權下一樣，這是很難想像的。而在佛陀時代有沒有還俗的個案呢？是有的，但基本上還是少數。

可是隨著佛法開始愈來愈偏重職業性質時，甚至到了近代，幾乎有百分之八十到九十的時間都在扮演追求解脫以外的角色，事情就產生了改變。當他的角色開始不再只是單純地追求解脫，而多了很多職業性質的時候，那就可以想像，任何的職業都會有退休的時候，任何職業也都可以選擇辭職。

比如說，你的工作可能是宗教師，你是在負責進行儀式跟安慰；或者你是布教師，負責理論上的推廣，但是它本質上都變成了職業。也就是說，他個人修持的時間占得極少，而投入職業的機會變得極多。

但我這是特指像漢傳佛教，有些地方則是直接名正言順地變成了職業，比如說日本。日本地區的佛教僧侶其實是一個職業，也是一個志業，可是它本質上已經變成了一個工作，而不一定是一個生活模式的選擇。因此還俗這件事情，在現代變得愈來愈可以想像。

「失去現有」的恐懼，往往遠大於「自己想要」的堅持。

毅然改寫自己的未來

即便如此，對一個出家人來說，還俗依然是很艱難的選擇。

主要原因是：在佛教團體中，在家人是B級品，出家人是A級品，如果依照我當時的狀況，我大概就是幾百個A+吧。首先，我十一歲就出家；第二，我是胎裡素；第三，我有漢傳背景，也有藏傳背景，我懂這些語言；第四，我那時候在佛學院的表現不錯。那時候的我有著遠大的光明前程，如果以一個職業來說。

而在佛法圈裡面，還俗就是廢級品，他們會認為你是扛不住欲望，你是抵擋不了誘惑，所以這也是我在思考這件事情時一個很重的壓力。如果我還俗的話，是不是這些努力通通都放水流了？

每個人都會面臨到像我這樣的抉擇，比如說你在一條道路上面走很久了，你不知道你要不要繼續走下去，但是你知道這不是你想要的，那接下來要怎麼辦？特別是，如果你已經選了一個科系，或是你選了一份工作，它是你很喜歡的事情，同時你的家人也對你有很高的期待，如果現在放棄它，是不是等於前功盡棄？那麼，繼續下去好嗎？我們常常都會面臨到這種選擇：我是要維持我原本的方向，走向一片坦途？還是追尋那個我覺得更好的目標？

面臨這些問題時，我覺得很重要的一件事情是：首先，你得先確認自己有多想要那個東西。我們常常說要聆聽自己內心的聲音，可是你「想要」那個東西的意思是什麼？是你知道做出這個選擇要付出什麼代價，而且你也知道做這個選擇有可能會失敗，但你還是願意去做。這是很重要的。

很多時候，我們做選擇，不是因為我願意去做，而是我們對它有過度的想像。比如你想像讀了這個科系之後，就會有怎麼樣的收入，所以你才去讀，代表你不是真的喜歡這個科系，你只是為了那個收入而去做。只有在撇開收入不談的情況下，你還願意去讀這個科系，那才叫作真正的心之所向。

所以我覺得，第一，我確定自己內心對這件事情的期待跟想像是很重要的。很多時候我們所謂的「想要」，只不過是被資本主義所欺騙，然後過度想像它的美好，卻忽略了它的犧牲以及它的失敗；第二，要擺脫現有的舒適，去選擇一條困難的路，它很艱難沒有錯，但是最艱難的事情不是我現在有什麼，或者我要去哪裡，而是在於你有沒有這樣的知識，你有沒有這樣的能力。

舉個例子來說，兩千年前，全世界的石油蘊藏量比現在還要多，但那個時候的人沒有開採石油的能力，他們沒有相關的知識，所以沒有辦法從地底開採出石油。現代石油有變多嗎？沒有，反而是在銳減。但為什麼現代人過的生活可以比以前的人更好？因為現代人多了這些知識。

同樣的，不論你是在一個現在看起來很穩定舒適的生活，還是你要跳槽到一個看起來很不穩定的選擇，重點不是那個生活本身如何，而是你有沒有這樣的心態跟知識。如果你的心態很明確，就算你走在一條看起來沒什麼前途的道路上，你也有辦法走出你想要走的道路，我自己就是一個例子。

但如果你的心態不明確的話，你就算是在一個很安全的地方往前走，到最後也只會愈走愈辛苦。

如果依照我那時候的狀況，還俗根本就是一個毀滅性的選擇。出家對我來說，是完全可以預期的，例如我在二十五歲的時候可能就會成為某個寺院的住持，不論是精神生活或是名利，從各個角度來看，我都能得到很高的成就。

我也看過很多了不起的法師，幼年出家又有很好的成就，可是到二、三十歲，他可能在世間名利上也有很高的成就，但我內心知道，他們並不是真的那麼快樂。因為他到後面已經進入了滾雪球的階段，也就是說，為了要鞏固他既有的東西，他必須付出更多。到後面，他已經不是因為喜歡這件事而持續做，只不過是為了鞏固而做。

我們對於「失去現有」的害怕，遠大於我們對於「自己想要」的堅持，所以我們就付出各種行動去固守現有的，然後讓自己愈來愈辛苦，同時又覺得自己沒有得到想要的。

因此那時候我就想，我還年輕，我可以做選擇。如果我到了三十歲才做這個選擇，那就太晚了。我自己很清楚，我不適合團體生活，就算妥協一輩子，我也沒辦法在團體生活中得到自我的樂趣。因此，最後我毅然決然選擇還俗，變回一個在家人。

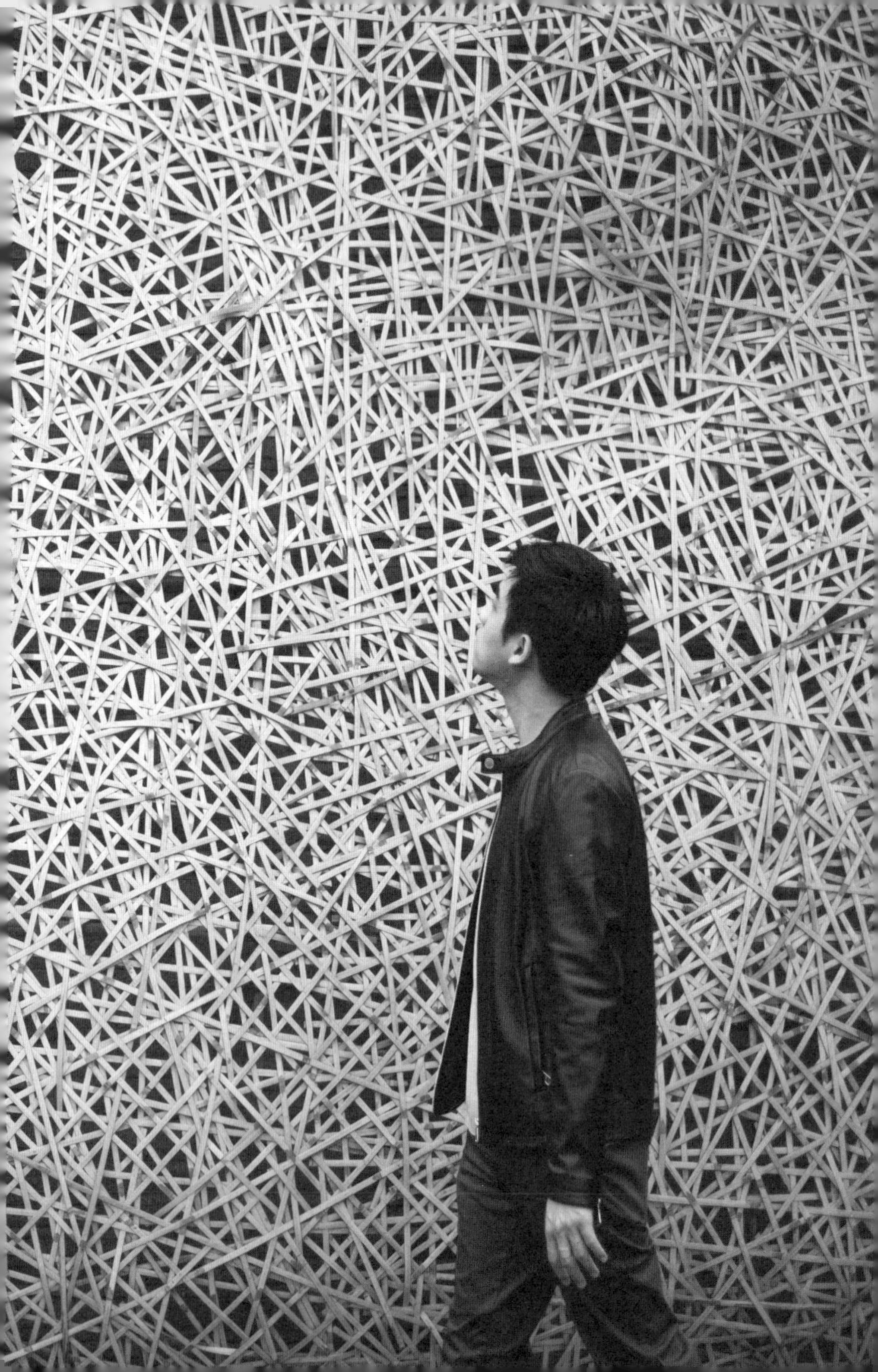

第八章

突破同溫層

人生的許多階段，都會遇到不得不踏出舒適圈的情況，而正是透過打破同溫層，我們才能更認識自己是誰……

在佛法的世界觀中，修行的道路有很多種，以終結痛苦作為共同目標，但是每個人有適合自己的方式跟方向。而所謂適合的方式跟方向，基本上可以透過很多方式加以分類，從一個人的目標來分類，從一個人對抗情緒的方式來分類，從一個人面對生死的態度來分類等等。

其中一個比較典型的分類方式，是來自於一個人的目標。

第一種，目標是很簡單的：他追求的是個人的解脫，他希望自己不要在生死中流轉，他希望自己可以停止生死的循環。

另外一種，目標稍微複雜一點：他不但希望自己可以停止在生死中流轉，同時也希望可以教別人怎麼停止。

如果說自己停止的難度是一，那要教別人怎麼停止的難度不只是一加一等於二，而可能是二的好幾個次方。因為當你要教別人的時候，就帶有一些前提：你要面對的受眾有很多，而且面對的對象不一樣，你要怎麼適當地讓他們都在這個狀況之下，接觸到你所想要宣傳的東西？

回到剛剛講的第一種目標，這在佛教稱之為聲聞。聲聞的意思是指，他是聽從了佛陀的教導之後，就依循教導，很單純地向前進。

聲聞就是泛指那些追求個人生死解脫的修行人。相對於聲聞，另一種人不但希望解脫，同時也希望可以教育別人如何解脫，能夠帶領別人走向解脫的，我們稱之為菩薩。

「菩薩」的梵文，意思便是指覺悟的勇士。他之所以被稱為勇士，是因為他追求的目標更加遠大，而且他必須掌握更加廣闊的能力。

因為菩薩要利益的對象太多了，所以慢慢的，他要掌握的東西愈來愈多，必須了解很多知識，才有辦法利益他人。《大乘莊嚴經論》有一句話：「菩薩習五明總為求種智者。」也就是說，菩薩必須學習許多不同的知識，五明指的是五種為首的知識，其實就是泛指各式各樣的知識。總的來說，是為了追求覺悟，但實際上他是為了利益其他的生命。

很多人在這個過程中，因為知識愈來愈多，知識是不停在膨脹的，所以雖然每個菩薩都要掌握很多知識，但是慢慢就會勾勒出：「我雖然掌握很多知識，但是我有我最擅長，或是我最喜歡的事情。」

舉例來說，在佛法裡面，當我們講到菩薩的時候，好像就會有所謂的屬性或者是功德的概念，像是以智慧為主的菩薩是文殊菩薩，以慈悲為特性的是觀音菩薩，以行動力為特性的是普賢菩薩等。

以上難道是說，只有文殊有智慧，觀音沒有嗎？當然也不是這個意思。而是

佛法的世界觀以終結痛苦為共同目標。

說，當你學習得愈多元，每個人的異質性才會真正凸顯出來；很多人以為，「異質性」是在學習同一個專業時，透過「競爭」才會看出差異與優劣，但事實並非如此。當我們是用齊頭式的方式來判斷每個人的時候，當我們用同一個方式來判斷每個人的時候，每個人其實都在喪失自我。

比如說，當你在聲聞的這個體制之中，大家是遵循著同樣的方向在前進時，雖然個人的性格會有一些差異，但由於大家走的是同樣的套路，就好像他受的是一套公版的企業訓練一樣。所以每個被訓練出來的人，他的能力、專長等等，差別其實不大。個體的特色會被抹滅，群體的力量會被強化，這時候每個個體看起來都長得一模一樣。

但是當我們要走的是菩薩之路，菩薩因為要學的知識太多，當一個人要學習的知識跟他要學習的內容不是一個套餐，而有點像是透過隨方遊學的方式去大量學習時，他接觸得愈多，個體性反而會被彰顯出來，他的自我會被雕琢出來。

這也是本章想要講的，為什麼讀萬卷書或者行萬里路非常重要、增廣見聞為什麼非常重要。因為在增廣見聞的過程中，我們會慢慢勾勒出自己、認識自己是什麼樣子，而這是最重要的事情。

與法王一起工作

上一章講到我決定還俗，而還俗的主要契機來自於我要回台灣服兵役，因為我還擁有中華民國的國籍，必須回台灣服役。

我是一九九四年出生的，從這年出生的梯次開始，役期只有四個月。所以二〇一三年時，我就跟學院告假，說要回去當兵。那時候也真的是因為這個原因，雖然我內心有還俗的念頭，可是還沒有還俗的決定。

我跟學院告假之後，離開學院，接著就去見了法王。我是在面見法王的時候，提出這個想法。那次見法王是一個很獨特的經驗，因為在此之前，我跟大寶法王見面次數其實不多，首先就是在藏傳佛教中剃度出家的時候見過一次，後來在每年的辯經法會，各學院的聚會時就比較常見到，因為法王都會下來跟我們辯經。法王知道我這個人，他知道我讀書還不錯，他知道我很努力學習，但我們並沒有真正一對一地對談。

直到二〇一三年那一次，我是透過辦公室跟法王說我想要約見面，然後就約了。那一次，我其實也就像一個一般的信眾，在一般約見的時間進去見法王。我跟法王報告，我來到教派差不多四年的時間，並講了一下我的學習情形，然後就跟法王說，我要回台灣當兵了。

很有趣的是，當時是法王早上會客的時段，比較忙，沒有時間跟我多說，只問我：「你會在這裡待多久？」

我說：「我會待個三、四天吧。」

他回答：「好，那你就等我吧，我會叫你。」我便回我的客房休息。

在那三、四天裡，法王陸陸續續叫我進去，跟他一起工作幾次。他請我幫他寫了幾份文件，然後他拿給我一本書，就是《生圓輯要》，法王跟我說：「這是一本很重要的書，如果可以翻譯，會很好。」在那時，我發現自己還沒有能力處理，所以我告訴他，目前沒有辦法翻譯，要等到我有足夠的知識才有辦法，因為書中討論的是一些密法的範疇。這本書，我後來是在二〇一八年完成翻譯。

然後他又拿給我一本研究辯經的基礎教材，叫作《攝類學》，告訴我：「這個如果未來可以翻譯，會很好。」

我這個人，第一個就是好勝心強，第二個就是愛玩。我一拿到《攝類學》，順手翻了一下。那是新的教材組編的，在我印象中，大概是六十幾頁的資料。

在那之前，我還在佛學院讀書的時候，每天都會逼自己花一小時的時間翻譯五百個字，經過三、四年的準備，其實我的翻譯能力已經慢慢累積下來了，只是從來沒有使用而已。所以我就跟法王說：「好，我覺得很不錯。」

當天晚上我回到客間，大概下午五點，我就一心一意地把那六十頁的文件翻譯完，大概是一萬五千字。在第二天見法王之前，我跑到附近的影印店，趁著有電的時候，用A4紙印了出來。

進去見法王時，我輕輕地把譯本放在法王桌上。法王問我：「這是什麼？」我說：「這是昨天你給我的《攝類學》，我把它翻譯出來了。」法王有點意外，坐在那裡看了我三十秒，他說：「你一個晚上就翻譯完了？」我說：「對啊。」

之後他就說：「我們以後會有很多工作機會的。」

他那時候就大概問了一下，我有興趣做的研究是什麼？我就趁機跟他提了我有可能會還俗的事情，並請教他的意見。法王當時告訴我：「如果你還俗也不會不好，但是如果你出家的話，會有很好的成就。如果我是你，我會選擇出家。」很可惜，我後來沒有遵循這個建議。

跟法王見面的過程中，有幾件我事後印象深刻，或覺得重要的事，這是其中之一。

之後我雖然因為覺得沒聽法王的話、選擇還俗而一直有點不好意思，但很可愛的是，再見到法王，他第一句跟我講的就是：「我上次說你出家比較好，這件事情是開玩笑的，你不要放在心上，不要太有罪惡感。」這是其二。

第三件重要的事情是，我那時候就知道，法王對日本密法很有興趣，想要深入了解日本密法裡面的修行是怎麼進行的。

佛法來自印度，但傳到不同地區之後，就會因為不同地區的風俗跟文化，慢慢發展出自己的特色。比如說，來到台灣、來到華人地區，很多的民俗文化便會和佛法互相影響，漢傳佛法中有部分特色並不是佛法本身原有的。

佛法透過中國傳入日本，同時也從印度傳入西藏，在這個過程中，有關於密法一系列的修行和禪修技巧，其實是有分等級的，至少可以分為四種不同的系統。這四個系統之間，原本是一個平行的狀況，就是一、二、三、四，沒有層次高低的分別。

佛法傳到了西藏之後，主要以第四個系統為主，同時，藏傳佛法認為，第四個系統是最高的，有點獨尊第四，然後把其他一、二、三都壓在下面。雖然體系中也有一、二、三的存在，可是他們最重視四，導致他們在做一、二、三的修持時，不是站在一、二、三的心態，而是以第四的方式去做修持。

你可以想像，就好像一個人在解釋法家思想的時候，他用的是儒家的本位主

在增廣見聞的過程中，
我們會慢慢勾勒出自己、認識自己是什麼樣子。

義。同樣的，藏傳佛法在解釋其他密法禪修技巧的時候，用的是藏傳佛法的禪修主義，就是無上密主義。

另外一個狀況就是日本。基本上，一、二、三都有傳入日本，四這個無上密沒有。日本人在解釋一、二、三的時候，我們叫作前三部密法。「前」這個字很有意思，因為有「前」就代表有「後」，會這樣講，就是從第四的本位主義來講的。在講前三部密法的時候，日本人就能夠按照前三部密法的本位主義來做修持。

這一世的大寶法王很想推廣前三部密法，主要原因是它比較適合一般人，對於很多相對較為習慣清規型佛教的人，接觸前三部密法會比較順利。可是藏傳佛教在解釋前三部密法的時候，用的是一個高端的角度，是從無上密本位主義來看前三部密法，所以有很多點是有偏差的。

法王那時候就一直希望，有機會的話，派人前去了解日本密法是怎麼解釋、詮釋、學習這方面的事情。我那時候一直有聽到傳聞，知道法王希望有人去學東密，但是一直沒有成功，所以那次我見到法王時，也提了這件事。

我說：「我聽說您想要讓人去學東密啊？」

法王說：「對啊，但就沒有成功。」

我就跟他說：「那我發願，我希望我可以去學，我希望你祝福我。」法王當下便應允了。

那次會面對我來說是很重要的收穫，結下了三起重要事件的因緣。第一，它種下了我未來幫法王處理深度跟複雜性學術工作的源頭，因為那一次我讓法王知道我的學術底蘊、學習能力和狀況；第二，結下了我後來去學習日本密法的源頭；第三，就是還俗，那個時候法王給我這樣的答覆，雖然他鼓勵我，覺得出家比較好，但是他沒有態度強烈地跟我說不能還俗，我個人覺得他可能可以接受，覺得還俗沒有問題。

之後，我就回到了台灣。

還俗之路該怎麼走？

返台後，我的首要任務就是等當兵。我從二〇一三年九月回來，一路等到二〇一四年的四月才去當兵。中間這七個月發生了什麼事情呢？

首先，我不是一回來就有機會去學東密或者是學什麼，乍返國門，一開始面臨到的問題是，有人希望我去教藏語跟基礎佛學，我就答應了。透過教藏語跟基礎佛學，我慢慢思考還俗這條道路該怎麼走。

第一個，我有專業。我那時候的專業就是藏語翻譯與教學，這份工作，對我來說是一個糊口的方式。剛回來的時候，我還是住在我媽媽的房子，但是差不多在我回來之後不到三個月，我就搬離母親的住處，選擇獨居，因為我覺得我需要自我的時間。

我從以前就知道，我是一個需要自由的人，搬家是因為我知道我需要自我的時間來工作、處理我想做的事情。因為我媽媽作息很正常，我的作息相對不穩定，兩個作息無法搭配的人，住在一起是很痛苦的。我那時候就覺得，自我的自由是很重要的。

再來就是，我那時候心裡已經篤定要還俗了。但還俗這件事情，對於我媽媽來說，會是一個很嚴重的打擊，因為她可能已經習慣孩子出家多年，突然要還俗，對她來說也許是個不可承受之重。特別在傳統佛教中，會一直強調還俗的罪業有多麼深重，這種威權式的教育還是存在的。畢竟我媽媽接觸的多是這種觀念，所以她其實活在一個很矛盾的心態之中。

一方面，她可能內心也知道，小孩做這個決定絕對有孩子的道理；可是一方面又覺得很可惜，都這麼多年了；再者，她又面臨內心的壓力，其中最大的壓力來自供養的問題。

出家生活中，接受的是施主的供養，有人捐錢、捐獻，讓出家人可以生活。這是來自漢傳佛教的一個病態思維，有一句話說：「施主一粒米，大如須彌山，今生不了道，披毛戴角還。」漢傳佛教認為，你只要接受了供養，這輩子就得好好出家，如果你不好好出家、好好報答施主的恩德，那你就會完蛋。這種思維在漢傳佛教裡面很普泛，好像你只要拿了施主的供養，你這輩子就ＧＧ了。

早期我也有這個思維，直到我接觸了藏傳佛教，那時候我才剛去沒多久，應該是第一年，有一次，我跟蔣貢康楚仁波切討論到這個問題，他跟我說：「這個想法很奇怪。」

我說：「為什麼？這個我們從經論上要怎麼看？」

他說：「你想，人家供養我們的是什麼？人家供養我們是供養我們好好學習、好好讀書，希望我們祝福他們的往生者或什麼的。在我們身為出家人的當下，我們有持守好戒律、善盡我們的責任，這就已經可以相抵了。」又說：「怎麼可能有這種，他一供養你，你終身就得被他綁架的事情呢？」

的確，如果你去看經論的話，佛陀告訴我們，出家人接受供養，就是要以自己現在持有的戒律功德迴向給對方，這樣就兩清、就結案了。佛陀可沒有說你接受供養之後，就要一輩子被威脅。但總之這種很威權的信念深植在我媽媽心中，所以她內心應該是充滿了矛盾跟恐懼。

但我那時候很毅然決然，就跟他們講說我要離開、我要還俗。

二〇一三年我剛回來的時候，就一邊摸索這個社會，一邊跟我媽媽溝通，同時找到自己的工作與生活模式，這些大約花了我三個月的時間。之後我接到兵單，四月要去當兵。

出家到還俗之間

那段時間我也在思考一個問題。漢傳佛教有一個傳說叫作「密富禪貧」，就是學禪宗的人很窮，學密教就會很有錢；我們又常常聽到很多故事，說學密教多麼多麼貴。要去東密之前，我就聽說學東密所費不貲，所以那時候一心一意就想著要把自己的經濟基礎先打好，我不想拿法王的錢去做這件事情，我想要靠自己。

還沒有接觸之前，我就自己先想好，我一定要有一個穩定的經濟基礎才行。很幸運，我做的是藏語的口譯跟筆譯，這個專業是比較少見的，所以在市場上比較稀缺。那時候如果有中心邀請我，我就會去口譯；當有中心邀請我，我就會去筆譯。在這個過程中，自然就會有收入。

這個時候讓我最糾結的是身分問題。你想想看，一開始來的翻譯是一位僧侶，結果過沒多久，他竟然變成一個在家人了，這件事情可能在一般人腦海中很容易理解，可是在佛教圈很難被接受。就像我上次有談到，出家人是A級品，在家人是B級品，還俗的人是最劣品。所以那個時候，我就在思考，要怎麼面對這個問題。

我當時的面對方式是：我內心雖然決定要還俗，但那個時間點會是當兵以後，因為要捨戒的話，只需要對任何一個人類說你要放棄戒律，自然就捨戒了。所以我那時候就繼續維持一個僧侶的責任和生活，但是我已經決定，等我退伍之後就會正式還俗，回歸日常生活。維持出家身分的時候，我還是會盡一個出家人該盡的義務，我會去翻譯，我會持守我該持守的戒律，我該迴向以及該做的佛事都持續去做，直到我當兵。

當兵是二〇一四年的四月到八月，我服的是替代役，週一至週五要到服役的單位，週末才會回到家裡。我就這樣慢慢地轉換我的身分，例如就會開始穿一般的衣服，開始留頭髮，適應一般社會的生活步調，用一個在家人的心態去了解這個社會，以及只遵守在家人需要持守的戒律等等。

二〇一四年八月退伍後，我開始投入翻譯工作，我會出去接翻譯的案子，會做筆譯和口譯。我一直以為我會這樣子過很長一段時間，因為首先我覺得這是有趣的事情，其次是我覺得我喜歡做學術性的研究。我那時候離開僧團的主要原因是什麼？是我想要去做更多的佛學學術性的研究。

要做學術性的研究，對我來說很重要的事情是：要有穩定的經濟基礎，而且這個經濟基礎最好讓我可以自由移動，不會被綁定在某個地方，時間跟空間上要盡量彈性，我才有辦法找出我想要做的研究是什麼，以及我要怎麼去做。就時空的考量來看，翻譯工作完全能夠符合我的需求。

從「我們」到「我」

第二件事情是，因為我已經答應法王要做日本密法的研究，就在台灣先試著了解一下，如果想要學習日本密教，會是什麼樣的狀況？相對來說，它的資訊在那個時代還沒有那麼透明，在每個地方聽到的版本都不一樣。我那時候就覺得，這是一件重要的事情，因為我跟法王發願，所以我要好好學習，我不能一頭栽進一個錯誤的地方，所以我就繼續觀察。

我先觀察了台灣的幾個道場，然後以偏重適合學習、學風清靜的角度，選定一個我覺得比較適合我的環境，之後便前往台中的某個東密道場學習。

在不同的環境中生存，
反而能讓人對原本相信的事物有更多的批判與了解。

這對我來說是一個極為有趣的過程。

二〇一四年九月時，我去跟那個道場結緣。那個道場非常神祕，平常是不開放的，上網也找不到它的電話號碼，只提供一個電子郵件信箱，你得寫信到那個郵件信箱，跟道場的負責人約見懇談。

我覺得這是一個很可信的方式，所以就去信道場的負責人，同時報告了自己的狀況。一開始，道場負責人以為我是僧侶，就跟我說了一些事情，像是東密的一些文化可能跟漢傳的文化不一樣。我就稍加解釋，說明我已經不是僧侶了，同時介紹我的背景。很高興，道場的負責人願意跟我見面詳談。

之後，我開始接觸日本密法，對我來說，這是一個很重要的人生轉折點。在這個過程中，我開始從「我們」轉換為「我」。

什麼叫「我們」呢？就是每個人都會有一個自己的故事，比如我的成長背景，一般人都只有一個身分，現在當然比較多重，可是一般人的身分是單一的，比如說：我是藏傳佛教徒，藏傳佛教徒可能會變成一個我身分的標籤。

這個身分標籤會給我帶來什麼樣的影響呢？比如說，我會讚揚藏傳佛教，而貶低其他佛教。當我作為一個佛教徒，我可能會讚揚佛教，而貶低其他宗教。我們每個人都會有一種文化歸屬感，我們會希望在這個文化歸屬感的保護傘之下，強烈區別我跟我們，以及「他人」。

最典型的例子就是，現在民族主義很鼎盛，民族主義是什麼？我跟你們是一族的，為什麼？因為我們有共同的語言、共同的信仰、共同的故事，我們講的是共同的祖先的歷史。「我們」是一起的，「他們」不是。所以當是「我們」的時候，我就要義無反顧地支持你，因為我們是一族的。

我覺得民族主義是一個可以理解的東西，因為人團結才會有力量。但是當我們講求民族主義的時候，每個人已經開始失去他的本位，個體感已經開始被淡化了。比如說，我那時候在跟台中這位東密的老師自我介紹時，我並不是說「我是藏傳佛教徒」，我說：「我學過漢傳佛教，我也學過藏傳佛教。」我當下不是有意這樣說，可是後來我去探究自我，我為什麼會這麼說的時候，我發覺很重要的原因是：因為**我從來不覺得自己屬於誰**。

比如說我是大寶法王的弟子，沒有錯，但我不覺得我就屬於某個派。因為當我們說「我就是某個派」、「我就是某個族」的時候，無形中就會有一些先入為主的事情在我們心裡生根。比如說，我無論如何都以這個族群意識為優先，可能我以所謂的藏傳佛教意識為優先，或者我以台灣意識為優先。

當然，來到國家層級的時候，一個政體需要一個意識，可是在人的成長過程中，每個人是何時開始把自己隸屬於某個群體，轉換為「我」是主軸，「我」曾經經歷過一、二、三，三個群體。這是一個很重要的轉變。

我那時候就跟我的老師做這樣的報告。我老師非常酷，他也接觸過很多的佛法體系，他本身是一位心理專業的醫師，所以在討論完之後，他就說，他覺得我的狀況沒問題，他會安排我去做東密的學習。

他是非常有條理性，禪定也很穩定的一位老師；此外，我覺得以在日本文化中學習的人來說，他包容度很高。所以在二〇一五年的時候，我幾乎所有的業餘時間，都投入在東密的學習。

更認識自己是誰

我二〇一五年的主要行程有兩個：翻譯及口譯工作，以及東密的學習工作。在時間安排上，很多口譯的場子都是在星期六，我星期六又要教藏語，星期天則幾乎都要去台中上課，所以一整年都非常忙碌。

那一年，在老師對我們很好，整個環境也很配合的情況下，我跟一位學長就在一年之內完成了階段性的學程。我們六月時去了一趟位在日本高野山的道場，十月又去了一次，十一月再去一次，總共去三次，然後就完成了這個階段性的學習。當然過程中有很多要在家自己學習的，或者是要在台中進行為期一週的閉關等等。我在東密的主要學習歷程大致如此。

東密的學習歷程，對我來說，最重要的不是儀式性的東西，也不是這些過程。對我來說最重要的事情是：在這個過程中，**我更認識自己是誰**。為什麼呢？因為東密的文化跟藏密截然不同。

日本人是非常拘謹而嚴肅的民族，他們在進行儀式的時候，有一種莫名的美感。藏密完全不是這樣，藏傳佛教的儀式根本就是一個特賣會，開完特賣會之後東西就亂丟。

東密的儀式非常嚴肅，它的每一個步驟，例如在這個地方要把衣服拉直，然後對摺九十度角；進行到這邊，要在這個地方敲三下，節奏要如何。總之，他們非常嚴謹，就像機器人一樣。藏密完全不是，藏密是，舉辦法會時，大家聊天的聊天，喝茶的喝茶，茶灑出去也沒有人管你。這是第一個很明顯的差異，視覺上可以直觀地看到。

第二個是教學的差異。我以前在藏傳佛法的地區讀書時，老師上課，基本上一小時的課程大概只能教學半小時，因為後面半小時都在被我們嗆。只要一個問題我們覺得沒有解決，就會直接攻老師、質問他，這是藏傳佛教的學風。可是我在日本上課的狀況卻天差地別，上課一小時裡面，可能上課五十五分鐘，那位老師就是用一種平鋪直敘的語調一直念，我所有的同學則都一直狂抄筆記。我其實不知道為什麼要抄筆記，因為我記性很好。總之，日本的學習風格截然不同。

第三個是生活風格也完全不一樣。在藏密的時候，大家非常自由，穿著也不太設限，基本上只要穿著袈裟，你想要穿拖鞋或穿什麼鞋搭配，都是你的自由；或者，你打算一整天都穿著袈裟，還是你想多披一件外套，都沒有人會管你。可是在日本就不是這樣了，作務的時候穿的衣服叫作務衣，修法時有修法該穿的法衣，日常時候也有特定的衣著，就像西裝這樣。衣著都有分，在不同場合，就必須很快速地更換不同的衣服。

我印象最深刻的是，我在藏傳體系這麼久，承受了大量的壓力，但我嘴角從來沒有長過皰疹，結果我六月去日本的道場，預計待上將近十天的時間，結果才第二天，我就長皰疹了。為什麼呢？因為當表定時間寫六點起床，結果大通鋪裡所有的日本人卻在五點四十五分就都起床了，而當我在五點五十分醒過來時，發現他們都用一種「你下次可以早一點起床」的表情看著我，但他們不會罵我。整個環境非常自律，但對我來說很壓抑，尤其我又是很自由主義的人。

很多人以為自己做了選擇，
但其實那只是「習慣」，而不是「選擇」。

當然這些都是矛盾，我過著一個矛盾的生活。我在藏傳的生活很自由奔放，雖然還是有一些規矩，但日本根本是要把每個人都變得一模一樣。

最重要的事情是思想上面。我剛剛說了，藏傳佛法是無上密本位主義，認為自己是整個密法系統中的第四種思想，而且這第四種思想是凌駕前面三種思想的。只是佛法傳到日本的時候，並沒有無上密的傳統，他們是以前三個密法系統為主。

藏傳佛法以無上密解釋前三個系統，日本則相反，日本不是以前三密解釋藏傳佛法，日本是以前三種密法作為本位，然後反過來認為，後面的無上密法是歪掉了，他們稱之為「左道密法」。

打破同溫層

我又經歷了一個很人格分裂的階段，我自己早些年受到的教育，全都是無上密的思想，但我在這裡受到的教育幾乎就是「反無上密」的思想，不是在道場裡面，而是它整體呈現這樣的氛圍。

很多人一定覺得我會精神分裂，對不對？但沒有，我反而覺得這樣的衝擊對我有相當正向的幫助。如果我出自無上密的體制，從來沒有聆聽過別的聲音，我的內心自然而然地會以無上密本位主義來看待所有事情。但是當我被迫待在一個環境中，它遵循的是另外一種思想，並且批判我原本信奉的無上密主義，這時我內心會產生一個很重要的問題是：「會不會我原本認為的是錯的？」在這個過程中，我可以愈來愈去蕪存菁，知道哪一些思想是符合我想要的東西，哪些東西是後人堆疊出來的，哪些東西不是。

也就是說，當我在兩個不同的環境下生存，我反而會對原本相信的事物有更多的批判與了解。

比如說，在藏傳體系讀書，我們在修法的時候，沒有那麼重視清潔，進到道場時也不會特別刷牙、洗手，因為我們覺得最重要的是心的清淨，我們是「心的清淨本位主義」；但東密可不這麼認為，進道場之前一定會先在手上塗抹檀香粉，極盡端莊肅穆之後才進去。

光是像這個，藏傳就會認為，東密這是小鼻子小眼睛，可是東密就會反過來認為，藏密就是不懂清淨這件事情。這能說誰對誰錯嗎？其實不行。你只能說，它們兩個有不同的本位主義，它們適合不同的文化。

學問這種事情，愈做愈多之後，最重要的特點是什麼呢？就是要對不同時代、不同背景的人做出的選擇，懷有寬容與尊敬。

如果我站在東密本位主義的角度，我會覺得無上密墮落了；如果我偏向無上密本位主義，我可能會覺得東密的資訊沒有那麼發達，東密是比較下層的。這個心態就是忽略了他們每一代祖師在不同的時空脈絡之下，能夠做出的選擇。

首先，我覺得如果我來到了東密流行的年代，也就是印度流行前三部的年代，大約是五到六世紀。或者我來到了八、九世紀的印度，我不覺得我有辦法在那個時空背景之下，做出比他們更明智的選擇，因此我理解並尊重他們會有這樣的想法。

再者，最重要的事情是，我對他們有尊重和理解之後，我就不會盲目地相信任一方。那到底哪一個比較重要呢？其實這道理再簡單也不過，在我自己的修行經驗中，哪一個能夠對我產生比較多的正面影響，這才是重點。

在這兩個衝擊的文化中，假如我考量過自己是比較適合A還是比較適合B，之後做了選擇，在這裡頭最重要的事情是「為什麼」？我如果只是習慣藏傳了，或者我習慣日本了，那已經變成我的「習慣」，那不是我的「選擇」。

當你來到一個不同的環境時，你也許會開始知道自己為什麼做出那樣的「選擇」。我在學習東密的這段時間，對我產生很重要的啟發。假如我從來沒有接觸過東密，我就一直是一個藏密本位主義者，我就不會去質疑一些問題，也不會去思考一些事情合不合理，我的目光會愈來愈狹隘，我就只會待在我的同溫層，身邊通通都是藏密本位主義者。就像有些人的同溫層是某些特定的政治傾向，或者通通都是勞權本位的人，因為已經習慣在這個圈子裡面了，從來沒有踏出同溫層過。

如果我一直在藏密同溫層裡，我將永遠不知道這是不是我要的。

當人在同溫層之中，很多的概念會慢慢被堆疊起來，很多人以為自己做了選擇，但其實那只是「習慣」，而不是「選擇」。這樣的狀態下，沒有辦法真正踏出文化背景等同溫層的桎梏，所以沒辦法活出「我」，而是一直在「我們」之中。

但是當我跨越了這些文化同溫層之後，請問我要去跟誰說「我們」？我要跟藏密的人說「我們」嗎？當我已經擺脫了「我們」代表「我們要全然一樣」的這種概念時，我自然能夠更寬容地看待「我們」這個概念，也才能自在地對跟我經驗不全然相同的人說「我們」。

當我再轉過去看東密的文化，我要跟他們說「我們」嗎？也不行啊，我有不同於他們的獨特經驗，但我和他們又有某些部分重疊。這個時候才算是活出了所謂的「我」。

這就是為什麼我要在開始的時候說，聲聞和菩薩的道路有這麼大的差異。

在這段過程中，對我來說最困難的，其實是「沉默」。我是一個很愛分享、很愛講話的人，又經過辯經的訓練，嘴巴更是停不下來。但當我跨出舒適圈，沉默是很重要的。因為一開始在同溫層裡面，不管講了什麼話，同溫層裡的其他人都知道我是怎麼樣的人，或者大家都知道我的性格，大家也知道這句話背後的邏輯跟定義等等，就能夠接受。

可是，當我跨出舒適圈，如果隨隨便便講一句話，可能在別人的眼中，就會被解讀為有敵意的、有惡意的、本位主義的、傷害性的。所以沉默聆聽很重要，如果太快速說出一些話，接下來可能會出現的死結就是：我在舒適圈外面說了一些話，舒適圈外面的那些人可能就會因為這樣而情緒激動，然後給我貼上一堆標籤，之後就會開始攻擊我。攻擊我之後，我可能會下意識地為了捍衛我的本位主義，又升高彼此的對立，之後我就失去了擊潰我本位主義的機會，我也失去了一個聆聽別人聲音的機會。

所以沉默很重要，就是閉嘴，然後聽別人說什麼。「先聽清楚」，這很重要。

從「我們」走向「我」

現在很多人都有一種焦慮，就是「被取代性」的焦慮，因為隨著世界的人口愈來愈多，存在感也跟著下滑，每天打開社群軟體，看到每個人好像都過得比自己好。而這種存在感的下跌，讓我們每個人都處在焦慮的情緒中。另外一種狀況就是，找工作的時候，你會覺得很多人跟自己有同樣的配備，那你有什麼特點？

沒錯，存在感下滑是許多人都面臨到的問題。就像我剛剛講的，我們之所以會出現存在感的下滑，它是一把雙面刃，一方面是因為我們跟很多人有共同經驗，我們有共同的故事、共同的文化。正面來說，你會覺得自己比較有同伴；負面來說，就是跟你一樣的人會有很多。

那我自己遇到的經驗是什麼呢？有些人會問我，如何做網路社群或任何一種工作，我最常反問的是：「你的不可取代性是什麼？」事關商業模式時，不可取代性非常重要，如果你是可以被輕易取代的，那只不過是一波浪潮，可能在短時間內爆紅，但這種東西是「長江後浪推前浪，前浪死在沙灘上」，我們的世界已經進入摩爾定律的後半場了，世界現在加速愈來愈快。以前一個新的網紅要取代舊的網紅可能要一年，現在或許只需要兩週。

一旦缺乏不可取代性，隨之而來的就是快速變遷，根本沒有所謂的「安穩」。可是當你擁有不可取代性時，你就知道你沒有辦法跟誰比，你只能做自己要做的事情，你只能摸著石頭過河。因為，只有你長這樣，這當然也是你的優勢。

但要怎麼產生「不可取代性」？就是來自於混種雜種。當我跟這一群人有共同

從「我們」走向「我」，是個人成長很重要的歷程。

的經驗，我跟那一群人又有共同經驗的時候，透過多重經驗的堆疊，我在我身上呈現了一個任何人都沒有過的經驗，而那個才叫作「我」。

所以從「我們」走向「我」，我覺得是一個人成長很重要的歷程。

第九章

轉型：保持開放，持續探索，才能成為更好的人

當被安排好的一切結束之後，
準備要為負起責任上路時，
接下來，就真正是你的生命了……

求寂聲聞由遍智，引導令趣最寂滅。諸樂饒益眾生者，道智令成世間利。
諸佛由具種相智，宣此種種眾相法。具為聲緣菩薩佛，四聖眾母我敬禮。

（出自《現觀莊嚴論》禮讚頌）

我在印度讀書時學習的思想有很多，其中最主要專攻的論著是《現觀莊嚴論》。《現觀莊嚴論》的作者據說是彌勒菩薩，也就是傳說中未來會來到這個世界，再次弘揚佛法的菩薩。在《現觀莊嚴論》裡面，他談的主要是，關於追求覺悟的人，他們有哪些不同的生活模式、習性有什麼不同，以及他們如何達到目標。

印度的文獻有一種傳統，會習慣在每一部文獻的開頭，寫下作者特別想要讚美，或者特別想要紀念、緬懷的對象，而這個緬懷的偈文裡面，通常就濃縮了整部著作的核心義理。

如果是以《現觀莊嚴論》的禮讚頌來看的話，它在談的是，追求覺悟者有三種不同的心態和性格。第一種是「求寂聲聞」，意指追求寂靜、追求解脫、追求不再轉世的佛陀弟子們，這些人能夠透過佛陀所教導的智慧，到達寂靜的境界。

第二種人就是「菩薩」，他們最大的興趣在於利益其他生命，或者說積極為社會貢獻，他們也可以透過佛陀所教導的智慧，成就他們的目標。

最重要的是第三種，所有想要追求最高覺悟者、想要成佛者，他都能夠透過佛陀所教導的智慧，而得到成佛的結果。

因此，它禮讚所有修行者的共同之母、如同母親一般的「智慧」。

這是一個比較屬於文獻學的探討，而我關注的就是第三個重點：所有追求最高覺悟者的人，他們的核心追求是「知識」、是「探索」、是貼近真理與現實。

當生命的道路回到自己手中，挑戰才真正開始

在我讀書的過程中，一開始都醉心於「探索學問」，對於做學問有深度的興趣跟熱忱，這也是當初我會去印度的主要原因。這雖然是我的興趣、我的熱忱，但是我也必須在一個體制內去完成它。比如說，一般人如果想要為弱勢發聲，你可以選擇成為檢察官、成為律師；如果你想要為國家盡忠，你可能會成為軍人或是從政。每個人都會有自己的興趣和核心價值，而我們就會尋找相對應的體制，在這個體制裡面實踐它。

我當初也是如此，我也因為對於做學問很有興趣、有高度熱忱，我就在我成長的體制中，找出我的答案、道路跟方向。我在印度讀書的時候，就是在傳統藏傳佛

所有追求最高覺悟者的人，他們的核心追求是「知識」、是「探索」、是貼近真理與現實。

教訓練學者的體制中，達成了我的目標和我的學習。

我在印度時，為了得到我想要的學問，所以把自己生命的決定權交出去，跟著學習的體制前進；後來為了達成我對法王的承諾，也把我生命的決定權交出去，跟著東密的學習體制前進。然而，二〇一六年年初，我遇到了一個許多人都會遇到的問題，也就是我被安排的生命，到這邊戛然終止了。

你可以想像，如果依照我原本的規畫，如果我繼續出家，那我的生命將會一直被安排下去。我可能會在一個大的體制之中完成我的學業，剛開始可能會成為我上師的翻譯；可能會因為我的學習表現不錯，而成為老師；之後可能成為某個寺院的指導，然後就掌管某間寺院；等到年紀大一點，可能會掌管幾間寺院、教導一群學生，之後再由他們繼承下去。

這個生命是被安排出來的，是被設計好的。

同樣的，如果我在東密的學習一直持續不斷，當我完成階段性的學習之後，下一步就是再往下一個階段前進，然後繼續往下一個階段前進。

這些也都是被設計好的。放眼周遭，大家的生命規畫又何嘗不是這樣呢？

很多人從出生到大學為止的生命，都是被設計好的，有一些人可能早一點，在高中階段就可以自己決定。但是大家的生命都是先被設計的，父母覺得應該要給我們什麼樣的教育、要帶我們到哪裡、我們應該要做什麼，在一個習慣由上而下的體制之中，我們的生命一直都是被設計的。

但是，我們某天會走到某個點，就是我的生命不再被設計了。可是在我們的生活主控權回到我們手上之後，我們常常會出現的第一個感受，是目標感喪失。

目標感的喪失很容易讓人陷入艱辛、茫然、度日如年的狀況。有些人的目標感喪失是發生在自己畢業之後，還沒有找到工作的那段時間；有些人是來自於當完兵之後那段時間；再古早一點，有些人是在自己的父母離世之後，所以有人說：「父親的死亡會讓一個男人長大。」對吧？

總之，當被安排好的一切結束之後，準備要為自己負起責任上路時，接下來就徹底是你的生命了。雖然我的生命從前面幾個章節來看，好像做了很多自我的選擇，可是我也在這個時候進入了一個戛然終止期。

找不到挑戰

在二〇一五年年底、二〇一六年年初時，我極為徬徨。

很多人都以為我的人生好像一帆風順。前陣子我接受一位電視主播專訪的時候，她一直看著我，然後說：「你有莫名的不可一世的氣質。」我聽了之後大笑，可能我的笑聲也很狂妄吧。

我就問她：「怎麼說？」

她說：「你是不是一直一帆風順？」

我說：「沒有啊。」

我心裡想著：「妳怎麼會有這種奇怪的誤解呢？」

然後她說：「你很像那種少年得志、沒有遇過什麼挫折的人。」

我聽完又大笑，我說：「在宗教圈裡面做改革性的工作，妳覺得會一帆風順嗎？不會遇到什麼抨擊嗎？」

其實反過來看，我可以說我在二〇一五年年底、二〇一六年年初那段時間，也就是我剛過完二十一歲的時候，我確實沒有遇過太大的挫折。主要的原因是在那之前，我生命中基本上沒有什麼是我想要而得不到的，我只要努力爭取或努力學習，很少得不到我想要的結果。

當時的我其實有一個穩定的生活，從事的藏文翻譯與佛學研究工作則又有趣又上手，一切都還不錯，但沒有什麼挑戰性。而且，我該完成的學業我也完成了，我該做的事情我也做了，我知道接下來再做哪些事情會有哪些結果，我可以看到我接下來不論是投入哪一樣研究，它的發展途徑都是如此清晰。而這麼清晰的途徑，恰好就是讓我覺得無聊的地方。

我一直在這本書裡強調，我是非常需要有趣，而且很害怕無聊的一個人，所以如果是可以預期的、別人也能做的事，我就不想去做，我覺得資源不應該被用在重複的地方，那是一種虛擲。另外一個原因可能是因為我很懶，所以不喜歡去做一些別人做得到的事情。

這時候就進入了一個矛盾期，是一個眼高手低的時期：我熱愛探索，想要找到一個「新世界」。一方面來看，如果我繼續做藏文翻譯跟教學，我知道會有穩定的收入，我完全知道未來的藍圖會是怎麼樣，但是我對這件事情並沒有熱忱跟興趣，而且我看不到它究竟要幹嘛。所以雖然做得到，心裡面也不會排斥，但內心又會覺得，如果只做這些的話，那太可惜了，這些是別人也可能做到的。

如果我投入東密的研究跟學習，我會不會有好的結果呢？我不敢打包票，但是我看得到道路，我也知道那條道路該如何前進。只要是我能看到道路的東西，我都覺得不難。

當時我也在接洽一些國外的學校，是否有機會去讀書，或是做更多的文獻研究。我依舊看得到這條道路的走向，對於可以預期的事情，我實在找不到興趣和熱

在一個習慣由上而下的體制之中，
我們的生命一直都是被設計的。

忧。

這段找不到挑戰的矛盾期大約為期三個月左右，從二〇一五年十二月，到二〇一六年二月。那時候我進入了一段茫然期。

去夜店尋找失控

所謂的茫然期並不是不知道自己要做什麼，是明明知道要做什麼，可是又覺得做那些都太無聊，所以那時候我就想嘗試一些、探索一些我可能會失敗的事情。我做了大量不曾做過的事，比如說，我那時候幾乎夜夜笙歌，台北的夜店一個星期開六天，我六天晚上都會去夜店。

為什麼會一直去夜店？其實並不是因為空虛，而是我想要找到某個我無法控制的快感，我想要找到某個我無法控制的東西。因為我一直覺得，我的生命要嘛就是被人控制，要嘛就是自己控制得很好，我真的希望它失控一下，我希望能看到它失控的樣子。不論是酒精造成的失控，或者是看到別人的失控，或是看到別人因為情緒受到影響而產生的失控。

我對於「研究定律」這件事情非常著迷，比如說我當初研究佛學的時候，我對於研究佛學背後的那個學習理論的定律非常著迷；我在做東密研究的時候，也對東密研究角度的觀點非常著迷。同樣的，我當時覺得：「好，我想要試一個我以前從來沒有碰過的東西，我會不會做不到？這會不會就是我的瓶頸或挑戰？」我想要嘗試強烈的失敗，藉以找到極致的樂趣。

之所以選擇夜店，是因為它具備了一切我所不熟悉的東西。例如它有酒精，過去我的生活中從來沒有酒精，在我第一次踏進夜店之前，我不曾喝過酒；而且它有大量的異性，以及大量的情緒波動、大量的煩惱起伏。簡單來說，夜店的生活和在寺院的生活，就是完全背道而馳的。

我想要試試看一個完全不熟悉的東西，看我能不能從裡面找到答案。此處的答案不是指「我生命的意義」，而是我想要找到我下一座想攻克的山，就像登山者，攻頂之後，就想著要再征服下一座山。同樣的，我覺得我有很多次攻頂的經驗了，也許我確實有一些先天優勢，例如我的佛教背景，所以這些山對我來說很容易登頂。我當時的想法是，想去試著征服一座我可能無法登頂的山。

結果很意外的，我在夜店也是游刃有餘……

夜店這種地方就像是一個加壓鍋，裡面所有的事情跟情緒，都會很瘋狂並且快速地發展，任何的煩惱跟行為都是如此。舉例來說，兩個人在舞池裡看對眼，可能不到十分鐘的時間，他們就在舞池裡擁吻了。但這件事情如果是在日常生活中，或許需要一週才會發生，兩個人必須約會三、四次才會發生。在夜店，不用，因為它是加壓的。

再比如說，一個人開了包廂，其他人拱他，他會為了面子開酒。平常是一個吝嗇的人，可是在那個情況之下，他的性格被逼出來了，他好勝的行為被解封了。平常要說服他花錢，可能要花很久的時間，現在只要找兩個妹子坐在他旁邊，說個兩、三句話，他就願意花上幾萬塊開酒，一擲千金。當然也有負面的，例如兩個人原本脾氣就不好，在夜店裡，很容易就會為了異性爭風吃醋、爆發肢體衝突。

夜店就是所謂的是非之地，每一個人的行為都加速並且失去理性的地方。在失去理性的地方，誰主宰這一切呢？也就是情緒，佛教術語中的「煩惱」。夜店是一個非常適合觀察情緒變成行為的所在。對我來說，我那時候最驚豔的就是：我大量觀察了好多人的煩惱跟業力，而這並非批判。可能因為我有著掌握佛法的知識，我對於煩惱產生的樣子、其會導致的行為是什麼、它跟我執的關係為何，我都有比較強烈的感知力。

所以，我在夜店的社交生活中，幾乎可說是游刃有餘。我大概知道，當這個人出現什麼樣的情緒時，我應該怎麼跟她對話；當她出現這樣的情緒，她下一步可能

資源不應該被用在重複的地方，那是一種虛擲。

會出現的行為是什麼、她一些本能性的反應是什麼。如果我想要達到目的，例如要到她的電話，或者約她單獨喝酒，我要如何達到我的目的？我要如何讓她願意做出這些事情？我要如何突破她的理性防衛，然後讓她的情緒得到滿足？而因為她的情緒得到滿足，她會把這個情緒的滿足轉嫁到對我這個人的喜愛，進而接受。

這之中其實蘊含佛學的邏輯，例如佛法認為，人在經驗這個世界的時候，你唯一能夠經驗的是感受，而不是事件本身。就像吃冰淇淋時，我們喜歡的其實不是冰淇淋，而是冰淇淋帶來的感受、冰淇淋在舌頭上造成的刺激跟感受，這才是我們喜愛的；我們貪著的是「受」，而不是物本身。

同樣的，一個人會對你有興趣與否，關鍵根本不是你本人，而是你給她帶來什麼樣的感受。

所以，整個思考邏輯就會是：「我要如何在這個情況之下，讓這個人得到某一個感受？」而這個感受會驅使她對我更積極。這個感受可能必須是一點點「樂受」，但這個樂受不能太滿足，這個樂受要讓它有一點失、要有一點不足。她下意識就會怎麼樣？她就會再求，諸如此類。

這些過程都有佛法邏輯背景在其中，可能因為我已經很熟悉這一套運作模式，它已經變成我生命的一部分了。看到這裡，想必你也猜得到，我終究沒有在夜店中確實遇到讓我挫敗的經驗，無法滿足我那想要找到新鮮經驗的期待。

接下來，我就想著：「好，既然夜店不行，那我下一個要嘗試什麼呢？」

想要上戰場

當時正值ＩＳＩＳ猖獗，而我平常有閱讀和收看西方媒體的習慣，我就看到了在敘利亞地區有一支民兵叫作ＬＯＲ（The Lions Of Rojava），我知道他們是民兵，也知道他們幾乎都是老外，他們是志願性地去到當地，協助庫德族人一起對抗ＩＳＩＳ。

我閱讀了大量的資料，覺得能參戰這件事很美：我們這些做學問的人，尤其是做佛法學問的人，一天到晚都說自己要利益眾生、要對社會有所貢獻，可是我們就是坐而論道。但這些人真正地走到前線，把自己的生命貢獻出來，我那時候覺得他們真是太酷了！

好，那我來試這個吧！試試看打仗，打仗也是一個跟我生命歷程完全違背的事情，對吧？雖然我天性就是一個比較好勇鬥狠的人，可是我受到佛學教育的影響，所以不會往那方面發展。但現在，喝酒，跟我的僧團生活是違背的，夜店的異性互動也很違背。那換成打仗呢？它幾乎是要殺人的行為，那更是僧團生活所不容。

當時我並不是叛逆跟空虛，而是想要嘗試一個我完全不會的東西，從中找到失敗的機會，我想從失敗裡面找到它的定律，我覺得這才是生命的樂趣：找到自己不擅長的，並努力摸索出其脈絡。所以，我當時就在喪失目標感的情況下，毅然決然寫信去詢問LOR，能不能夠接受華人作為義勇軍？我當時還問了一個很ㄎㄧㄤ的問題：我知道當地可能比較偏中東地區的飲食習慣，所以我就問他們，有無提供素食？

我記得他們的回信裡說：第一，他們歡迎各國人民；第二，他們也沒有什麼其他食物可以吃，當地物資匱乏。他們也提到，這個義勇軍是半年志願役，但很多人到了當地之後，覺得跟他們一開始的想像不一樣而離開。他們希望減少這樣的狀況，所以有一系列需要閱讀的內容和材料。

詳細閱讀這些內容後，我更認真地覺得我應該前去。當時大約是二〇一五年的十二月底。

這一切計畫，全都在二〇一六年跨年後一週被打亂。因為法王打電話給我，要我去見他。

人在經驗這個世界的時候，唯一能夠經驗的是感受，
而不是事件本身。

法王的祝福

自從我在二〇一三年離開僧團之後，我第二次見到他是在二〇一五年，也就是我在做東密學習那一年的暑假。因為他當年希望做一場唯識學的研究，而他知道我對於古代印度經論文獻的掌握上有一定的造詣，所以希望我能給予一些協助。

研討會為期兩個月，我們邀請教派內各佛學院的代表、老師一同前來他的駐錫地開會，討論一些主題，會議中，我也給予漢語經論跟梵語經論背景的一些協助。我當時與他們一起工作了差不多一個多月的時間，也聊了許多，法王也很加持與照顧我。當時我也請教了他一些事情，例如我前面提到，我當時有考慮出國念書等等，但是他表示反對：「這對你可能不會有什麼幫助。」諸如此類。那次就留下了一個一起工作的經驗，他也給我一些方向，告訴我他之後想要做的研究等等，我也很有興趣。

可是，對當時一心想參戰的我來說，這些東西都是可預測的，而只要是可預測的東西都很無聊。那時候或許是身邊的同事感覺我變得怪怪的，便跟法王報告，所以法王就把我找去印度見他。那是我生命中一個很獨特的經驗，大約兩、三週的時間，我幾乎一整天都跟法王在一起相處。他希望我幫他做一些密法資料的翻譯、研究跟對照，以及一些整理。

但那其實只是半個幌子，他主要的時間都用來說服我。我記得一去的時候，他就跟我說：「你要去打仗，是嗎？」

我回答：「對啊！」並很興奮地跟他介紹ISIS的事情。

他回覆我：「這是殺生耶！你知道這是殺生嗎？我們是佛弟子，我們不能殺人啊！」

我就很激動地回應：「我們坐而論道……」並告訴他我那套論點，我說：「我覺得這是找到生命的一個挑戰，是很好的事情。」

他答覆：「你這樣會造下重大的惡業。」但他那時候幾乎說服不了我。

關於那段時間，我現在回想起來，覺得這是我生命中很寶貴的一段經歷，我知道我之後可能也不會有這樣的機會。

每天早上六、七點，我會進到他的寢宮，侍者們會把早餐送來，一份是法王的，一份是我的。我們就默默地一起吃早餐，他早上習慣喝一杯維他命C，同時也會倒一杯給我。或者我去倒兩杯水，他就各丟一顆維他命C進去，一切都安安靜靜的。

早上法王會去講課，我就繼續待在那個空間工作、做研究。等法王中午回來的時候，會跟我們一起用餐。接著下午法王可能會去做某些審核，我也會在那裡繼續工作，一直持續到晚上六、七點。

在這些過程中，我們會有一些對話，有些事情在進行，但當下的氛圍很微妙，我可以感受到法王正在祝福我，但這還是沒有改變我想上戰場的念頭。

直到有一天，他跟我說：「你要好好活著。」我印象很深刻，那是午後，法王在書房前面，我剛喝完下午茶，坐在那兒看著書，法王走過來，合掌對我說了這句話，有點半開玩笑的。接著說：「傳承需要你，我需要你，眾生需要你。」

新的生命目標

法王半開玩笑地說完後，我也沒有特別放在心上。在那之後，法王就跟我討論一些他覺得重要的事情，特別是關於藏傳佛教轉型的事。我頓時覺得：「這是一件沒人做過的事情！這真的是要摸著石頭過河了。」我不確定這會不會成功，而且聽起來像是一個百年大計，看起來不像是幾年內就能完成的事情。要改變一個有著一千多年傳統的宗派，使之轉型，那可不是一件容易的事。

一個開放的生命，勢必以「探索」作為其生命的主軸。

所以當時我也跟法王有了很多爭執，以致發生一件有趣的插曲：最後一天，我要離開前，大家一起在樓下工作時，我們要搬動一座鐵架，準備用來當作場地佈置的花台。那是一座需要八個人才能抬得動的鐵架，我對面的那位喇嘛走到半路，不知道為什麼，他突然放手，我這邊鐵架的腳就直接往我大拇趾的趾甲砸下去，大拇趾的趾甲當場斷掉，開始噴血，襪子立刻從白色變成紅色。我當時內心打趣地想著：「是不是因為我跟法王有太多爭執，所以引來了報應？」

可能從那時候開始，我就得到了一個啟發：「對，轉型！」而轉型就是我在關注的事情，可以說，我從二〇一六年之後開始做的所有工作，都環繞著這個主題。這是一個影響深遠的計畫，甚至我不知道自己這輩子能不能完成，而這就是有趣的地方。因為從來沒有人做過，全部都要依靠自己去摸索。

我也有一些參考的樣本，就是古代佛法在傳播的過程中，到了不同的地區，它都經過一代一代大師們的傳遞，但是每一個時空跟場景的脈絡又都是獨特而獨立的，所以無法完全套用，必須不斷地思考，想辦法靈活運用。而這正是我最有興趣的事情，因為我不知道它會長什麼樣子，而且很有可能會失敗。

二〇一六年回到台灣之後，我覺得我算是得到了法王的祝福，而且覺得生命中找到了一個新的目標感。但這個目標感，是否也在某個體制、某種制度，或是某種規範之下呢？我不這麼認為，我覺得自己試著在做一件新的嘗試，有可能會失敗，也有可能會成功，我不知道，但我會想要努力去做這件事情。

「讓佛法轉型」這個信念，影響了我後來做 YouTube 的「快樂大學」。我的佛學品牌「羅卓仁謙」，以及在法王的授意下成立「解脫協會」，都是為了這個目標而產生。我希望讓佛法轉型，但我要如何操作，才能夠讓佛法轉型？這種摸索的過程，對我來說非常有趣。

當然，在這個過程中，我也面臨了許多其他人的指控，但是我本來就不會奢望每個人都能理解。我就是想做一件我覺得有趣的事，就像我現在想要吃碗麵，有人在那邊抱怨我吃麵不對，那又與我何干？這就是我想做的事情啊！

面對這些指責，早期的我容易有一種厭世的心態：「我最年輕，你們都比我老，總有一天你們會死在我之前，你們會抱怨是很正常的。」但這樣的心態慢慢轉變，我開始意識到，從市場經濟角度來看的話，我覺得人與人之間通常是某種合作關係，而不是對抗關係，我只要找到看似對立，但實際上是合作的這個關係之癥結點即可。

舉例來說，可能某些已開發國家會覺得，開發中國家搶走了他們的工作機會，但實際上是開發中國家用比較低廉的薪資提供這些服務，讓已開發國家也受益，因為他們拿到的商品成本較低，所以價格也沒有那麼貴。

這是類似的道理：我過去對傳統佛教圈是有一種不太理解、不太諒解的心態，他們指控我的時候，我內心也會有對抗性的意識型態出現。可是我後來發現，其實我這麼做，會屏蔽了很多人從傳統佛教圈來到我這裡的機會。隨著成長，我覺得傳統佛教圈就像一座階梯，在一個人的佛法學習過程中，可能屬於第一階或第二階，而我提供的是屬於經論的、高知識含量的學習系統，所以我可能是第三或第四階。第三階跟第四階去討厭第一階跟第二階，是沒有道理的。第一、第二階嫉妒第三、第四階是很合理，第三、第四階在某種程度上，會看不起第一、第二階也很合理，但是對於第三、第四階的人來說，如果沒有經歷過第一、第二階，那就沒有人能來到第三、第四階了。

傳統佛教圈幫我們做好了基礎建設，培養了一群人，例如讓很多人有布施的習慣，所以在推動許多法務的時候，也得到了很多的支持。同樣的，傳統佛教圈已經幫很多人打下了基礎的佛學根柢，可能是錯的，可能是有點偏差的，但至少他有一個根柢。到了我們這邊，我們要做溝通或教學的時候，對他們的啟發和衝擊性反而更強。

再者，當一個人在信仰圈裡面待久了，當他聽到經論課程的時候，對他來說，這個東西是很亮眼的。如果他只是一般人，聽到經論也不過是吸收到另一套學問而已，不會達成打破舊有的窠臼跟困境，或是得到知識升華的感覺。

所以從各方面來看，後來我甚至不會排斥他們對我的評價，因為那是他們的事情；但我內心總覺得，大家不是對立的，只是扮演不同位置的角色而已。

佛法中有一種世界觀，叫作「曼陀羅」，是在進行冥想時所會參考的圖樣，這種圖樣會將許多的佛菩薩，放在一張圖片裡面。如果注意看的話，每個人是各司其職的，有的人負責禪修，有的人負責說法，有的人負責供養，有的人負責開門，但大家不需要互相討厭。大家可能會覺得自己的工作比較獨特，可是這個曼陀羅是大家一起成就的。

當然有時候還是會覺得，某些人在做的事情，只是讓佛教更腐敗跟愚民化。但是宏觀來看，我覺得，互相討厭的情緒，根本沒有什麼必要。

其實我熱愛探索

而在我做這些讓佛法轉型的工作之前，我從來沒有想過要教學。記得在二〇一五年，我跟我的東密老師學習時，他曾經跟我說過，以後教學時應注意的事項。我當時信誓旦旦地跟他說：「我沒有教學的欲望。」他只對著我笑一笑，沒有特別說什麼。過了一兩年，我又見到他，當時我已經開始教學，因而感到非常不好意思。

我從來都不認為自己是一個適合教學的人，我覺得自己適合做研究，但是不一定適合教學。或者是，我從來都不覺得我能教得比別人好。我只覺得，自己比較善於跟大家分享一些觀點，因為我思考事情的方式不太一樣，我一直都是站在分享觀點的角度來看待這件事情；更重要的是，我其實在「探索」，探索是否存在其他的教學方式、我的研究是否真的能夠在社會上發揮價值。我漸漸發現：有些人可能真的很醉心於學問，他可能真的非常熱愛學問，所以他能夠一直做學問。從這個角度來看，我發現我可能熱愛的不是學問，我熱愛的是探索。小時候我探索的對象是學問，長大後探索的對象是「人」以及「傳播」、「轉型」等等。我探索的東西不一樣，但我真正好奇的是探索。

所以當一個人醉心於學問的時候，可能一輩子都在做學問，對他來說，學問的自利之途沒有終點。可是因為我醉心於探索，當我探索學問，自利到了一個段落的時候（不見得是圓滿），接下來我探索的，就是如何把它轉換為他人可以重視的東西。可以說，其實我的重點從來都不只是學問，我的重點是在於探索。我抱持著一個自由而開放的心去探索這個世界，對我來說，做學問跟我後來做的傳播工作是一

探索能讓我們變成一個更開放、更健全的人。

樣的。這些東西都只不過是讓我的探索能夠得到更多的資訊，讓我在探索的時候覺得更有趣而已。

或許這也是為什麼，我能夠像前面的段落說到的那樣，並不會被他人的情緒與阻礙，甚至主觀上的批判所影響，產生強烈的反感或敵對。事實上，因為我並不偏執於自己的知識、作法與體系，我並沒有這種價值判斷上的意識型態，並不會因為自己的東西受到挑戰就情緒噴發，反而往往是感到有趣和反思：是不是我真的做錯了、是不是我的方式不夠妥當，而根本的原因，就是因為我心懷「探索」。

這也是我想要在本章強調的一個核心重點：一個開放的生命，勢必以「探索」作為其生命的主軸；探索能讓我們變成一個更開放的人、更健全的人，也能讓我們不那麼容易受到主觀的意識型態綁架，輕易覺得自己受到他人的批判或攻擊。

在我開始教學後，我最常收到的問題之一，都是「事件類」的問題：我該怎麼做人生的重要決定？我該不該挽回我的對象？我該辭職去追求夢想抑或是堅持平凡的道路？

事實上，每次面對這些問題時，我總覺得大家關注的點有些狹隘。大家在意的往往都是事件，或某一個具體的選擇；但事實上，心態與目標遠比這些更重要。就像我前面所舉的例子：如果我被傳統派攻擊時，心裡想的都是「我要如何反擊」、

探索的心態之本質是「開放」，
而「開放」能夠帶來的是「自由」。

「我要如何讓他們服氣」、「我要如何讓大家覺得我才是對的」，甚至「我要如何擊敗對方」，但這些都是糾纏在「事件上」，而不是心態與計畫的本質上。

然而，當我把問題回歸到本質上，確定自己做任何努力的動機，是為了探索、找出問題，而不是情緒化地捍衛自己的意識型態時，那面對他人的「批評」時，就會有根本上的轉圜：如上所述，我漸漸地不再將他們視為對手，反而覺得宏觀上，我們其實是某種隊友，他們不過是受到自己的情緒與意識型態的綁架所致，攻擊他們，或是他們的消失，其實對我一點好處都沒有，反而會帶來一些問題。

事實上，這是一種「宏觀」與「狹隘」的選擇。當然，我們的天性、我們養成的習慣，往往會陷在「狹隘」之中，要保持「宏觀」也不是那麼容易。然而，若是能夠抱持著「探索」的心態來面對自己的世界與生命，將會「自然地」不再那麼狹隘，也會發現生命中的許多敵意與問題，其實不一定如我們想像中的那麼糟糕，反而會是宏觀上的養分。

如果再舉一個例子來看，或許就是網路操作中的「負面行銷」。一般人討厭被批評的感覺，但是有明確目標與宏觀計畫的人，對於「負面聲量」所會帶來的收益，也有一定的把握與了解。對這些人來說，操作「負面行銷」時，其目標感非常明確，以致不會受到天性上討厭批評的影響。

探索的心態之本質是「開放」，而「開放」能夠帶來的是「自由」，當我們不再受到既有成見的綑綁與自以為是的束縛，將能夠更自信地活成一個快樂的人。

當生命的道路回到自己手中，挑戰才真正開始。

【結語】

一起喝碗粥吧

我喜歡喝粥。

這個習慣不知道何時開始的，我猜是在漢傳佛教出家的那段時光吧，養成了一種「早餐喝粥，午餐吃飯，晚餐吃麵」的理所當然與習慣，漸漸就覺得這是最理想的生活模式。

粥是好東西，佛陀在經典上還曾對我們說過「粥有十利」，吃了之後負擔感不重，而且能夠暖腸胃，當然，這可能是因為我的情感所致，所以幫粥說好話。

離開漢傳佛教後，鮮少有這樣定期吃粥的機會，所以每次旅行的時候，雖然我不太習慣坐飛機，也不太喜歡一直換床睡，但若飯店有提供熱粥作為早餐，哪怕只是配豆腐乳，我也一定會起來吃，特別開心。

到了印度之後，當然就更沒有機會吃粥了，不過西藏人習慣吃各種「湯麵」，藏文叫「Thugpa」，我後來才知道，基本上，只要是浸在湯裡的澱粉食物，都可以叫 Thugpa，麵疙瘩、貓耳朵、湯麵、粥，都是。

印象中，我的老師曾經說過一個很好的例子：佛法是一鍋粥，這鍋粥可以裝到不同的碗裡面，這些碗可以有各種顏色、各種形狀、各種材質，但本質來說，我們要喝的是那個粥。

當然，喝粥是個技術活，涼了就不好喝了，或許是因為這樣，我們慢慢發展出「保鮮」這種東西，用來保存我們所愛的那碗粥。可惜的是，隨著時間遞進，不同的人有不同的反應。

有些人可能看到自己的前輩、父母或老師抱著那個裝著粥的保溫碗，我們也不曾嚐過那個粥的味道，從小就被迫要保護、要尊重那個保溫碗，長大後下意識就討厭那個保溫碗、想要把它打破，認為這樣能夠爭取到我們的自由與快樂。

當然，有些人反其道而行，自己也很珍愛這個保溫碗，但也不曾打開碗來看裡面的東西到底如何。當有人來質疑、詢問裡面是什麼、味道如何、是否新鮮時，他們只能一味地抱緊這個碗，但是也不知道如何旋開碗蓋，喝到裡面的粥。

我常常收到的一類問題，是「道德判斷」、「價值判斷」類的問題，比如「佛教徒可以燒金紙嗎？」「哲學人可以情緒化嗎？」「學佛的人可以生氣嗎？」

這些問題沒有不好，也不是提問者的錯，但這些問題只要做一個小小的微調就會很接近佛陀的思維：把「可以嗎」改成「會怎麼樣」。

其實佛陀的教導就是如此，他不做價值判斷、優劣比較，他只告訴我們「結果」。每一個行為、選擇，都有其結果與影響。比如釋迦牟尼佛，他自己在出生之後，就面臨了「在家成為聖王」或是「出家成為覺者」的兩種選擇，經過他自己的價值判斷與分析，他毅然決然選擇出家之途，終究走到了覺悟的果位。

根據歷史記載，這個事件的見證者，是一位名叫「阿私陀」的仙人，他並不是佛教徒（當時還沒有佛教），而是一位修煉有成的長者。他進到王宮為剛出生的釋迦牟尼佛看相時，就告訴他的爸爸，關於這個孩子未來的兩條出路。最重要的是，阿私陀仙人並沒有做價值判斷，並沒有說「哪個好，哪個壞」，只單純陳述了這個事件，並建議國王（佛陀之父）自己做選擇。

可想而知，國王選擇讓王子留在城內，未來能成為聖王，這也是佛陀為何到了很大年紀都沒有見過生老病死的重要原因。

佛陀從來不告訴我們「不應該怎麼樣」，而是建議我們「不要怎麼做」，原因是這麼做的後果會對我們有害。但，最重要的是，他仍然將決定權留給我們，讓我們自己釐清不同選擇的結果後，自己付諸行動，並自己為這個行動的結果負責。

用佛學術語來看，這個過程叫作「善辨因果」、「取捨因果」，分辨、選擇，一直都是佛法教育的核心價值，也就是那個粥（不能用「那碗」）。

我覺得我稍微淺嚐到那碗粥了。

如果你看我的人生經歷，我就是不停地在換碗，想要找到那個原始的、本來的粥，風味到底如何。等我嚐到那粥後，我開始嘗試將它裝到不同的碗裡面，看誰會來喝、看不同的碗會吸引到誰。

我何其有幸，能值遇如來世尊出世的時代，能活在佛陀法教未滅的世代，更能看到不同的碗，讓我知道碗不是重點，粥才是。這碗粥是所有人都需要的答案：分辨、選擇與回應的智慧。

當然，隨著時間發展，我可能慢慢也會變成那個「創造保溫碗」並且「固守保溫碗」的人，這或許也是我一直在不同身分中跳躍的原因，我希望自己能一直保持彈性，能欣賞不同碗的美好，也能真誠地將這些粥倒入不同的碗裡面，讓不同的朋友們都能淺嚐一口。

遙遠的古代，這碗粥必須活在「宗教」裡面，才能保存下來；到了現代，碗變多了，這是個好消息：有些人手上拿的是「信仰」這個碗，也有些人拿的是「心理成長」、「目標追求」等不同的碗，沒有誰的碗好、誰的碗壞，只有倒粥的人，有沒有在意這些碗的不同而已。

還俗迄今，我看到了許多的碗，也努力倒入不同的粥，但還有更多的碗，是我沒有看過的。重要的是，每看到一個新的碗，我舊有的一些自以為是跟故步自封都會瓦解一些，這個過程非常有趣，讓我不可自拔，所以我也希望自己可以一直推翻自己的「價值判斷」，多關心於讓更多人喝到這碗粥。

願意的話，跟我一起喝碗粥吧。

國家圖書館出版品預行編目資料

難以勸誡的勇氣／熊仁謙 著. -- 初版. -- 臺北市：商周出版：
家庭傳媒城邦分公司發行, 民109.09
面： 公分.
ISBN 978-986-477-910-9（平裝）
1. 自我肯定 2. 自我實現
177.2 109012222

難以勸誡的勇氣

作　　者／熊仁謙
企畫選書／黃淑貞
責任編輯／楊如玉

版　　權／黃淑敏、翁靜如
行銷業務／周佑潔、周丹蘋、黃崇華
總 經 理／彭之琬
事業群總經理／黃淑貞
發 行 人／何飛鵬
法律顧問／元禾法律事務所　王子文律師
出　　版／商周出版
城邦文化事業股份有限公司
臺北市中山區民生東路二段141號9樓
電話：(02) 25007008　傳真：(02) 25007759
Blog：http://bwp25007008.pixnet.net/blog
E-mail：bwp.service@cite.com.tw
發　　行／英屬蓋曼群島商家庭傳媒股份有限公司城邦分公司
臺北市中山區民生東路二段141號2樓
書虫客服服務專線：(02) 25007718、(02) 25007719
服務時間：週一至週五上午09:30-12:00；下午13:30-17:00
24小時傳真專線：(02) 25001990、(02) 25001991
劃撥帳號：19863813；戶名：書虫股份有限公司
讀者服務信箱：service@readingclub.com.tw
城邦讀書花園：www.cite.com.tw
香港發行所／城邦（香港）出版集團有限公司
香港灣仔駱克道193號東超商業中心1樓
E-mail：hkcite@biznetvigator.com
電話：(852)25086231　傳真：(852) 25789337
馬新發行所／城邦（馬新）出版集團【Cité (M) Sdn. Bhd.】
41, Jalan Radin Anum, Bandar Baru Sri Petaling,
57000 Kuala Lumpur, Malaysia.
Tel: (603) 90578822　Fax:(603) 90576622
email:cite@cite.com.my

封面設計／小海
版型設計／阿鍾
排　　版／新鑫電腦排版工作室
印　　刷／高典印刷有限公司
經 銷 商／聯合發行股份有限公司
電話：(02) 2917-8022　傳真：(02) 2911-0053
地址：新北市231新店區寶橋路235巷6弄6號2樓

■ 2020年（民109）9月初版1刷
■ 2020年（民109）10月8日初版3.5刷

Printed in Taiwan
城邦讀書花園
www.cite.com.tw

定價360元

ALL RIGHTS RESERVED

著作權所有，翻印必究

ISBN 978-986-477-910-9

廣 告 回
北區郵政管理登記
台北廣字第000791
郵資已付，免貼郵

104台北市民生東路二段141號2樓

英屬蓋曼群島商家庭傳媒股份有限公司　城邦分公司

請沿虛線對摺，謝謝！

書號：BK5164　　**書名**：難以勸誡的勇氣　　**編碼**：

請於此處用膠水黏貼

商周出版

讀者回函卡

感謝您購買我們出版的書籍！請費心填寫此回函卡，我們將不定期寄上城邦集團最新的出版訊息。

不定期好禮相贈！
立即加入：商周出版
Facebook 粉絲團

姓名：________________________ 性別：□男 □女

生日：西元__________年__________月__________日

地址：________________________

聯絡電話：______________ 傳真：______________

E-mail ：

學歷：□ 1. 小學 □ 2. 國中 □ 3. 高中 □ 4. 大學 □ 5. 研究所以上

職業：□ 1. 學生 □ 2. 軍公教 □ 3. 服務 □ 4. 金融 □ 5. 製造 □ 6. 資訊
□ 7. 傳播 □ 8. 自由業 □ 9. 農漁牧 □ 10. 家管 □ 11. 退休
□ 12. 其他________________________

您從何種方式得知本書消息？

□ 1. 書店 □ 2. 網路 □ 3. 報紙 □ 4. 雜誌 □ 5. 廣播 □ 6. 電視
□ 7. 親友推薦 □ 8. 其他______________

您通常以何種方式購書？

□ 1. 書店 □ 2. 網路 □ 3. 傳真訂購 □ 4. 郵局劃撥 □ 5. 其他______

您喜歡閱讀那些類別的書籍？

□ 1. 財經商業 □ 2. 自然科學 □ 3. 歷史 □ 4. 法律 □ 5. 文學
□ 6. 休閒旅遊 □ 7. 小說 □ 8. 人物傳記 □ 9. 生活、勵志 □ 10. 其他

對我們的建議：________________________

____

____

【為提供訂購、行銷、客戶管理或其他合於營業登記項目或章程所定業務之目的，城邦出版人集團（即英屬蓋曼群島商家庭傳媒（股）公司城邦分公司、城邦文化事業（股）公司），於本集團之營運期間及地區內，將以電郵、傳真、電話、簡訊、郵寄或其他公告方式利用您提供之資料（資料類別：C001、C002、C003、C011 等）。利用對象除本集團外，亦可能包括相關服務的協力機構。如您有依個資法第三條或其他需服務之處，得致電本公司客服中心電話 02-25007718 請求協助。相關資料如為非必要項目，不提供亦不影響您的權益。】

1.C001 辨識個人者：如消費者之姓名、地址、電話、電子郵件等資訊。
2.C002 辨識財務者：如信用卡或轉帳帳戶資訊。
3.C003 政府資料中之辨識者：如身分證字號或護照號碼（外國人）。
4.C011 個人描述：如性別、國籍、出生年月日。

請於此處用膠水黏貼

1 我從小的頭型就很像南極仙翁
（1996 年，2 歲）

2 這是我六歲時的自畫像
（1999 年，6 歲）

1 11 歲在漢傳佛法出家的我
（2007 年，13 歲）

2 在印度期間，與在家人交流

1 學院一成不變的午餐菜色

2 距離學院最近的城鎮

1 讀書是我待在印度最主要的原因（2009 年，14 歲）

2 與同學們的相處日常（2011 年，16 歲）

1 坐在我旁邊、手持念珠的便是大祕書長（2012年，17歲）

2 我與仁波切們（2012年，17歲）

1 2 透過辯經，剝除舊有的想法與價值判斷，讓核心價值顯現（2011 年，16 歲）

1 我定期返印服侍我的老師 大寶法王（2016 年，22 歲）

2 我與工作團隊的同事們（2016 年，22 歲）

1 我還俗後，仍持續在教派內工作（2016 年，22 歲）

2 我返台後的第一份工作是教授藏文（2016 年，22 歲）